주와 함께 사귀며 묵상하며

주와 함께 사귀며 묵상하며 후편

발행일   2025년 12월 12일

지은이   오승재
펴낸이   손형국
펴낸곳   (주)북랩

출판등록   2004. 12. 1(제2012-000051호)
주소   서울특별시 금천구 가산디지털 1로 168, 우림라이온스밸리 B동 B111호, B113~115호
홈페이지   www.book.co.kr
전화번호   (02)2026-5777   팩스   (02)3159-9637
ISBN   979-11-7598-020-4 03230 (종이책)   979-11-7598-021-1 05230 (전자책)

잘못된 책은 구입한 곳에서 교환해드립니다.
이 책은 저작권법에 따라 보호받는 저작물이므로 무단 전재와 복제를 금합니다.
본 도서는 (주)북랩이 보유한 리코 인쇄 장비 등 자체 생산 인프라를 통해 제작되었습니다.

작가 연락처 문의 ▶ ask.book.co.kr
전용 게시판에 문의를 남기시면 저자에게 직접 전달됩니다.

(주)북랩 성공출판의 파트너
북랩 홈페이지와 SNS에서 다양한 출판 솔루션을 만나 보세요!
홈페이지 book.co.kr   •   **블로그** blog.naver.com/essaybook   •   **출판문의** text@book.co.kr
카톡채널 북랩

주와 함께 사귀며 묵상하며

오승재 지음

북랩

추천사

　오승재 교수의 두 번째 QT집은 쉰두 편씩 1, 2부로 된 묵상을 담고 있다. 이 책도 '매일의 삶 속에서 하나님의 뜻을 깨닫고, 감사와 순종으로 그분 앞에 살아가는 신앙인의 내면 기록'이다. 이 책은 저자의 소소한 일상생활과 성경 말씀을 연결시키며 구체적인 삶의 맥락에서 빛을 발하는 하나님 말씀을 드높이는 경건 문학이다. 저자에게 기독교 신앙은 일상사를 해석하고 그것으로부터 교훈을 이끌어 내는 해석의 렌즈다. 저자는 첫 번째 QT 수상록에서 누림, 섬김, 살림의 주제로 자신의 지난 생애를 반추하고 성찰하며, 하나님의 구원 서사를 미시적으로 분할해 성찰했다. QT1에서는 '하나님과 매일 동행하는 삶'의 기초적인 원리를 이해하는 수상록이 많았다면, QT2에는 '하나님의 뜻에 순종하며 자기 삶을 비워 가는 과정'을 성찰하는 글이 더 많다. 예를 들면 교회의 특정 프로그램에 대해 비판적이었던 자신을 오히려 비판적으로 성찰하는 묵상이 더러 포함되어 있다. QT1에서는 감사, 순수한 믿음, 사랑, 섬김의 기쁨이 주된 정조(情調)라면, QT2에서는 고난, 기다림, 회개, 내적 평화 등 영적 성숙을 갈망하고 논하는 글들이 많다. 연약하지만 은혜로 구원받은 신자의 모습을 다채롭게 조명한 QT1에 비해 QT2에서는 은퇴기·말년의 자기 성찰 속에서 하나님께 온전히 의탁하는 신자의 모습을 부각시킨다. QT2는 특히 세상 염려·노년의 무력감 속에서도 믿음을 지키는 내적 싸움에 대한 묵상록이 많다 (오근재 교수의 책 『퇴적 공간』 참고).

이 책을 통해 독자들은 약 다섯 가지 주제의 말씀이 메아리치는 것을 느낄 것이다.

1. "아무리 평범한 일상도 하나님의 말씀이 빛을 발하는 거룩한 시내산 가시떨기 불꽃 풍경이 될 수 있다. 신앙은 일상에서 실천되는 행동화된 신념이다. 교회뿐 아니라 가정, 직장, 인간관계 속에서도 하나님과 동행해야 한다. 하나님은 일상의 모든 사건 속에서 말씀하신다." 저자는 자연, 병, 가족사, 우연한 만남까지 모두 믿음의 메시지로 재해석한다. 크고 작은 일상의 경험 속에서 하나님과 대화하며 깨달은 '살아 있는 신앙'의 교

훈을 나눈다. 「그만 기도하세요」, 「의미 있는 기다림」, 「알면서 내딛는 힘찬 발걸음」, 「까닭 없는 고난」 등이 일상에서의 하나님 현존 경험을 다룬다.

2. "인간의 연약함과 하나님의 은혜, 인간의 죄성과 한계를 성찰하는 것이 구원을 보전하는 길이다. 인생의 기쁨과 고난, 죽음과 감사, 순종과 회개의 순간들을 통해 신앙은 지식이 아니라 '삶의 태도'임을 보여 준다. 아버지의 임종을 지켜보지 못한 상황을 회고하는 저자에게 독자들은 공감하고 공명하지 않을 수 없을 것이다. '진짜 믿음'은 아는 것이 아니라, 자기를 버리고 하나님께 완전히 맡기는 믿음이다. 겸손과 순종이야말로 신앙의 완성이다." 「죄와 영원한 생명」, 「하와 할머니를 사랑합니다」, 「죽음 맞이하기」, 「깨닫는 마음」 등이 이런 주제를 다룬다.

3. "하나님의 뜻은 설명보다 '본보이기'로 나타난다. 신앙은 하나님께서 직접 행하심을 보고 따르는 일관성 있는 태도(「설명과 본보이기」에서 강조)다. 기독교 신앙은 신앙인 스스로에게는 구원의 확신을 심화시키고, 주변 사람들에게 하나님이 살아 계시며, 이 세상을 주재하고 계신다고 믿게 만든다. 참된 그리스도인은 스스로와 주변 사람들에게 하나님이 살아 계심을 실감 나게 증언한다. 사랑과 섬김의 실천은 기독교 신앙의 본질

이다. 섬김과 사랑이 참된 신앙의 증표다. 예배보다 더 중요한 것은 사랑과 봉사로 이웃을 돌보는 일이다. 하나님 중심의 삶은 하나님께 주도성을 빼앗기는 자유 박탈이 아니라, 자유 승화의 길이다." 「버리고 따르는 일」, 「왕 같은 제사장」, 「순종하는 기쁨」, 「왼손이 모르게」, 「자기 의와 교만」 등이 이런 주제를 다룬다.

4. "인생의 유한성을 의식한 피조물다운 삶의 지혜를 찾되 곤고한 날들을 견디는 인내를 배우자. 죽음을 준비하는 것은 곧 삶을 거룩하게 꾸리는 일이다. 저자는 '죽음 맞이하기'에서 삶 전체를 하나님께 드리는 겸손을 강조하고 자신의 생애 전체를 감사로 해석한다. "인생의 황혼기에 중요한 것은 명예나 활동이 아니라 하나님이 주시는 '평안(샬롬)'이다.", "세상을 흑백으로 단정 짓는 것보다 하나님의 시선으로 타인을 품는 법을 배워야 한다.", "하나님이 함께하시는 평화는 세상의 기준이나 논리로 이해되지 않는다. 신앙은 '아는 것'이 아니라, '비우고 맡기는 것'이다." 「은퇴자가 구하는 것」, 「하나님의 평화」, 「흑백논쟁」, 「전파되는 그리스도」 등이 이 주제를 다룬다.

5. "교회의 주인은 우리 주 예수 그리스도이시다! 이 성경적 교회상에서 이탈하고 변질된 현실 교회에 대한 비판적 성찰이

적절하게 등장한다. 「교회와 세상」은 위선적 신앙 비판이며, 「성경 공부가 싫다」는 예수님 아닌 인간이 교회 주인 된 현실을 직시한다. 이 비판적 성찰은 잠든 평신도들을 진정한 예수님의 동역자, 왕 같은 제사장으로 일어서라는 격려의 응원이다. 목사 숭배로 일그러진 교회에 대한 아픔의 피력은 목사 칭찬으로 목사가 망가지는 현실에 대한 경각의 외침이라고 볼 수 있다. "교회는 형태나 건물보다 성령의 역사와 진실한 사랑이 살아 있어야 한다.", "'성경을 배우는 것'보다 '성경대로 사는 것'이 중요하다.", '교회는 세상을 변화시키는 사랑의 공동체'며, '교회는 성령의 전이며, 사람이 주인이 되어선 안 된다.' 「성경 공부가 싫다」, 「세상에 이런 교회도 있습니다」, 「선장들의 의식 개혁」 등에서 보듯이 저자는 이상적인 교회 모습에 대한 갈망을 심화시킨다. 이 글들은 교회에 대한 반감을 갖는 사람들을 어루만지는 소담한 위로 담론이다.

닫는 말

전편 『주와 함께 살며 묵상하며』가 신앙 입문자 중심의 개인 묵상록이라면, 후편 『주와 함께 사귀며 묵상하며』는 주로 성숙하고 자기성찰적인 신앙인의 내면 성찰들로 채워져 있다. 저자는 이 두 번째 큐티 묵상록에서 삶의 현실 속에서 '하나님께 순종하며 기다리는 법'을 배우고, 세상의 시끄러움 속에서도 '하나님의 평화'를 발견하는 여정을 기록한다.

이 책의 특장(特長)은 세 가지다. 첫째, 본문 재진수를 넘은 하나님 말씀의 적실성을 정확하게 보여 주는 묵상록이다. 이런 방식의 큐티는 구체적인 삶의 현장과 하나님의 말씀을 접목시킴으로써 말씀의 의미도 살리고, 우리의 일상 경험도 영적으로 의미 있는 사건으로 승화시켜 준다. 한국 교회의 큐티집이 대부분 본문을 되풀이하며 각 본문이 실생활과 관련해 무슨 의미를 갖는지 해명하지 못하는 것과 비교해 볼 때 이런 유형의 큐티집은 바람직한 진보가 아닐 수 없다. 둘째, 이 수상록은 저자의 인생 여정에 등장한 많은 선하고 의로운 신앙 인물들을 소개한다. 채명신 장군의 이야기, 실로암 안과병원장 김선태 목사 등 저자에게 신앙의 본보기가 된 사람들의 일화들은 이 책을 감동적인 책으로 만든다. 특히 대덕한빛교회의 은종대 목사님의 신앙 발자취를 회상하는 수상록(해울동산)은 깊은 감동을 준다. 저자는 자신에게 부단히 영적 감화, 감동을 주는 스승, 멘토, 친구들에게 둘러싸여 있었음을 감사해한다. 셋째, 이 책은 나이 듦, 노화, 질병, 가난, 은퇴자의 고독과 자유 등 인생의 후반부에 경험할 수 있는 일들을 다룸으로써 위로 큐티집으로 불릴 수 있다. 인생은 들의 풀과 꽃처럼 짧은 전성기를 보내다가 시든다. 시편 103:15-18은 이 허무한 인생의 허무감을 이기는 지혜를 말한다. '하나님의 언약을 지키고 그 율례와 법도를 행하는 사람에게 하나님의 인자하심이 무궁히 지속되며 그 자손들에게까지 상속될 것이다.' 이 글은 인생 완숙기에 도달한 신앙인이 믿음의 후진을 격려하는 응원가면서, 하나님의 인자하심이 후견하는 사람의 인생은 노년도 아름답고 의미 가득 찬 나날이 될 수 있음을 보여 준다.

김회권*

---

* 1960년 경남 하동 출신. 서울대학교, 장로신학대학원을 거쳐 Princeton 신학교에서 박사 학위를 받음. 2001년까지 미국에서 신학 연구와 현지 한인교회를 목회하다가 귀국. 현재는 숭실대학교 기독교학과 교수, 교목실장을 역임하였음. 저서로는 『하나님 나라 신학으로 읽는…』으로 시작된 사도행전 1·2, 사무엘 상·하, 여호수아, 사사기, 룻기, 다니엘서 등과 『김회권 목사의 청년설교 1, 2, 3, 4』 등, 그 외 다수.

머리말

저는 기독교인의 삶은 '누림, 섬김, 살림'을 실천하고 사는 삶이라고 생각합니다.

첫째 '누림'이란 우리를 향한 하나님의 은혜를 누리는 행복한 삶을 말합니다. 하나님께서 자신이 죄인인 줄도 모르고 사는 세상 사람들에게 사랑하는 독생자 예수 그리스도를 세상에 보내사 육신을 입고 살게 하신 후 십자가에 달려 피 흘려 돌아가시게 하심으로 우리를 대속해 주셨는데, 그것이 하나님의 은혜가 아니고 무엇이겠습니까? 그런데 세상 사람인 우리는 어떻습니까? "당신이 기도할 생각도 안 할 때 당신을 죄를 없애고 살리기 위해 예수님이 돌아가셨어?" 하고 비웃을 것입니다. "하나님이 세상을 창조했다고? 교회에 나가 하나님을 믿으면 구원을 받는다고? 구원을 받아 뭐 하게. 믿는 사람들을 봐라. 그게 기독교인이 하는 짓이냐? 꼭 믿어야 천당 간다면 오래 참으시는 하나님께서는 내가 죽기 바로 전에 믿어도 받아 주실 거야." 이렇게 비아냥거리며 하나님을 비웃습니다. 성경에는 '육적인 사람은 하나님과 원수가 되고 만다. (롬

8:7'라고 쓰여 있습니다. 타락한 인간이 구원을 받을 수 있는 길은 오직 은혜의 기적으로, 성령의 초자연적인 능력으로만 가능해서 우리는 먼저 주님을 만나야 합니다. 그분의 은혜를 체험하고 살며 이 황홀함을 누리는 삶을 사는 것이 첫째입니다.

둘째는 '섬김'의 삶입니다. 주를 영접하고 천주교 신부가 되었던 이태석 신부는 2001년 12월 아프리카 남부 수단의 톤즈에 갔을 때 병실 12개를 짓고 의료 봉사 활동을 했으며, 학교를 지어 초·중·고 12학년 과정을 만들어 문맹을 퇴치했을 뿐 아니라 톤즈 브라스 밴드를 만들어 음악 활동을 도왔습니다. 그가 2008년 대장암으로 세상을 떠난 10년 뒤, 그의 제자들은 본국에서 의사나 의대생, 국가 공무원 등으로 일하고 있었는데, 모두 이태석 신부처럼 살고 싶어 했다고 합니다. 이태석 신부는 현지에서 교회 건물이나 의식에 매달리지 않고 예수님처럼 본을 보이며 살았습니다. 이태석 신부를 따라 의사가 된 분들은 환자를 진찰할 때 먼저 청진기를 대기 전 손을 잡고 따뜻한 이야기부터 했다고 합니다. 왜 그렇게 하느냐고 물었을 때 이태석 신부가 그렇게 했다는 것입니다. "이것이 참 섬김의 삶입니다. 이것이 하나님의 은혜를 누리고 산 기독교인이 해야 할 섬기는 삶이 아닐까요? 또한, 이것이 주께서 우리에게 주신 사명입니다. "그러므로 너희는 가서 모든 민족을 제자로 삼아 아버지와 아들과 성령의 이름으로 세례를 주고 내가 너희에게 명령한 모든 것을 가르쳐 지키게 하라. 내가 세상 끝날까지 항상 너희와 항상 함께 있겠다. (마 28:19, 20)"라는 말씀을 순종하며 섬기는 삶입니다."

셋째는 '살림'의 삶입니다. 저는 예수님과 함께 살면서 '누림, 섬김'까지는 어떻게 했는데, 이 '살림'에는 실패했습니다. 하나님을 부정하는 사람에게 나처럼 하나님의 은혜를 누리고 섬기며 살자고 권하는 것인데, 상대방이 그렇게 되려면 먼저 하나님을 받아들여야 합니다. 하나님이 문밖에 서서 문을 두드릴 때 그가 문을 열고 나와 맞아들여야 하는데, 그것은 제가 할 수 없는 일이기 때문입니다. 제가 잘 아는 한 권사님은 남편 전도를 못 해 후배 교인들에게 본이 되지 못한 것을 괴로워하며 남편에게 교회에 나가자고 권했지만 들어주지 않았다고 합니다. 그래서 새벽 기도에 나갈 때마다 남편 신발을 싸서 들고 와 신발만이라도 주님 앞에 있었으면 좋겠다고 간절히 원했는데, 어느 날은 신발을 찾아도 찾을 수가 없어 그날은 그냥 교회에 나왔는데, 눈을 뜨고 살피니 남편이 한쪽에 저만치 나와 앉아 있는 것이 보였다고 합니다. 너무 감격해서 "감사합니다." 하고 하나님께서 남편을 움직여 교회에 나오게 해 주신 것에 눈물을 흘리며 감사의 기도를 했다는데, 그것도 며칠뿐 남편은 자기를 붙들고 간청했다고 합니다. "나 좀 그만 놓아줄 수 없어? 내가 당신 교회 나가는 걸 방해하거나 교회 활동을 방해한 적이

한 번이라도 있었어? 나 좀 놔줘. 제발 너는 너, 나는 나, 이렇게 좀 살자."라고 눈물로 호소했다고 합니다.

  이 어려운 '살림'을 어떻게 실천하나 하고 고민하던 중 한번은 교회 목사님이 우연히 제 묵상 기록을 한번 읽어 보고 이것은 참 좋은 문서 선교가 되겠다고 말해 준 일이 있습니다. 신학자가 아닌 평신도가 쓴 간증이어서 참신하게 느껴진다는 것이었습니다.
  저는 제 삶에 어려움이 닥칠 때마다 성경 말씀을 통해 제 자신의 욕심을 제어하며, 말씀을 통해 저를 다스리며 늘 내 곁에 계시는 주와 사귀는 훈련을 해 왔습니다. 심오한 성경의 지식도 아니요 주의 말씀을 따라 나를 다스려 가는, 그래서 내 가치관을 바꾸어 가는 훈련을 해 온 것입니다. 따라서 이 책에 쓰인 글들은 주를 모시고 주와 동행하고자 했던 제 모습들을 적은 제 민낯입니다. 혹 이 책으로 말미암아 저와 함께 공동체를 이루고 주와 함께 사귀고 살아가는 동료를 얻는다면 얼마나 기쁠까요?

  먼저, 후편 제목 『주와 함께 살며 묵상하며』를 『주와 함께 사귀며 (Fellowship, κοινωνία) 묵상하며』로 바꾸어 죄송합니다. 전편을 출판한 후 '주와 함께 산다'라는 말이 무슨 뜻이냐고 많은 질문을 받아 이렇게 바꾸었습니다.

성경 인용은 우리가 알기 쉬운 『현대인의 성경을』을 통해 썼으며, 묵상했던 날짜를 남겼습니다. 물론 제 생각의 천박함은 어쩔 수 없지만 읽는 분이 나도 이런 묵상은 할 수 있다는 생각을 가져 주시기를 원하며 썼습니다. 두렵고 떨리는 마음으로 한 사람이라도 삶에서 주와 함께 사귀며 기독교 공동체의 일원으로 살기를 원하는 분을 위해 이 부족한 책을 상재(上梓)합니다.

오승재 올림

목차

추천사   004

머리말   011

제1부

01 교회와 세상	025
02 잔재주와 비전	028
03 상을 위한 경주	031
04 머리와 몸	034
05 외딴곳	037
06 어리석음을 유지하는 삶	040
07 뒤돌아보며 만나는 하나님	043
08 네가 도와주어라	046
09 사명 선언	049
10 어떻게 칭찬할까	052
11 성경 공부	054

12 스마트폰	057
13 임종 예배	060
14 사랑은 표현할 때까지 사랑이 아니다	063
15 발가락이 아프다	066
16 아직도 침대가 좁습니다	069
17 죄와 영원한 생명	071
18 고르반	073
19 어버이날	076
20 잃은 양의 비유	079
21 그것이 안 된다	082
22 나는 영원한 손님인가	085
23 여성의 헤픈 옷차림	088
24 좋은 소식과 행복	091
25 강제로 진 십자가	094
26 역사는 기록의 보관이다	097
27 죽음 맞이하기	100
28 나와 같이 되기를	103
29 하나님의 손	106
30 사랑으로 역사하는 믿음	108
31 지도자도 죄인입니다	110
32 서원 기도	113

33 성령을 부어 주시옵소서   116

34 기다리는 자가 복이 있다   119

35 소망을 묻는 사람   121

36 행함이 없는 믿음   124

37 은희야, 미안하다   127

38 아름다운 부부   130

39 행함과 진실함으로 사랑한 사람   133

40 목사님께 받은 격려금   136

41 여자에게 내린 하나님의 심판   139

42 돕는 배필과 도우시는 분   142

43 전도의 미련한 것   145

44 실감이 나지 않는다   148

45 나이아가라 여행   151

46 새벽 기도   154

47 설명과 본보이기   157

48 나그네의 집   160

49 가짜와 진짜   163

50 예수님의 제자   166

51 본받는 자녀들   169

52 잊고 있었다   172

제2부

01 그만 기도하세요	177
02 성격이 불같은 사람	180
03 하나님 나라의 비밀	182
04 의미 있는 기다림	184
05 미처 깨닫지 못했습니다	187
06 왕 같은 제사장	189
07 이성과 믿음의 갈등	192
08 버리고 따르는 일	195
09 하와 할머니를 사랑합니다	198
10 까닭 없는 고난	201
11 깨닫는 마음	204
12 천국의 체험	207
13 패니 크로스비	210
14 하나님이 함께한 사람	213
15 더 받기를 원합니다	216
16 가난과 청빈	219
17 세상에 이런 교회도 있습니다	222
18 놀라운 주님의 기적	225
19 네가 이전에 가 보지 않았던 길	228

20 은퇴자가 구하는 것	230
21 선장들의 의식 개혁	233
22 십일조 이야기	236
23 와서 보아라	239
24 아버지의 유언	242
25 시끄럽다	245
26 염려하지 말라	248
27 흑백 논쟁	251
28 말이 없는 자연	254
29 전파되는 그리스도	257
30 성경 공부가 싫다	260
31 순종하는 기쁨	263
32 왼손이 모르게	266
33 눈먼 새	269
34 자기 의와 교만	272
35 초청	275
36 퇴적 공간	278
37 하나님의 평화	281
38 하나님의 형상	284
39 당회록	287
40 성령의 전	290

41 80 평생에 선정한 10대 감사　　　293

42 이름을 아는 것은 그 사람을 아는 것이다　　　296

43 은혜로 주신 은사　　　299

44 복 받은 자여　　　302

45 마귀의 자식　　　305

46 내가 책임지겠습니다　　　308

47 하나님이 주신 꿈　　　311

48 장막 집　　　314

49 복 많이 받으세요　　　318

50 가정 예배　　　321

51 목사를 칭찬하지 말라　　　324

52 바자회에 내놓지 못하는 옷　　　327

제1부

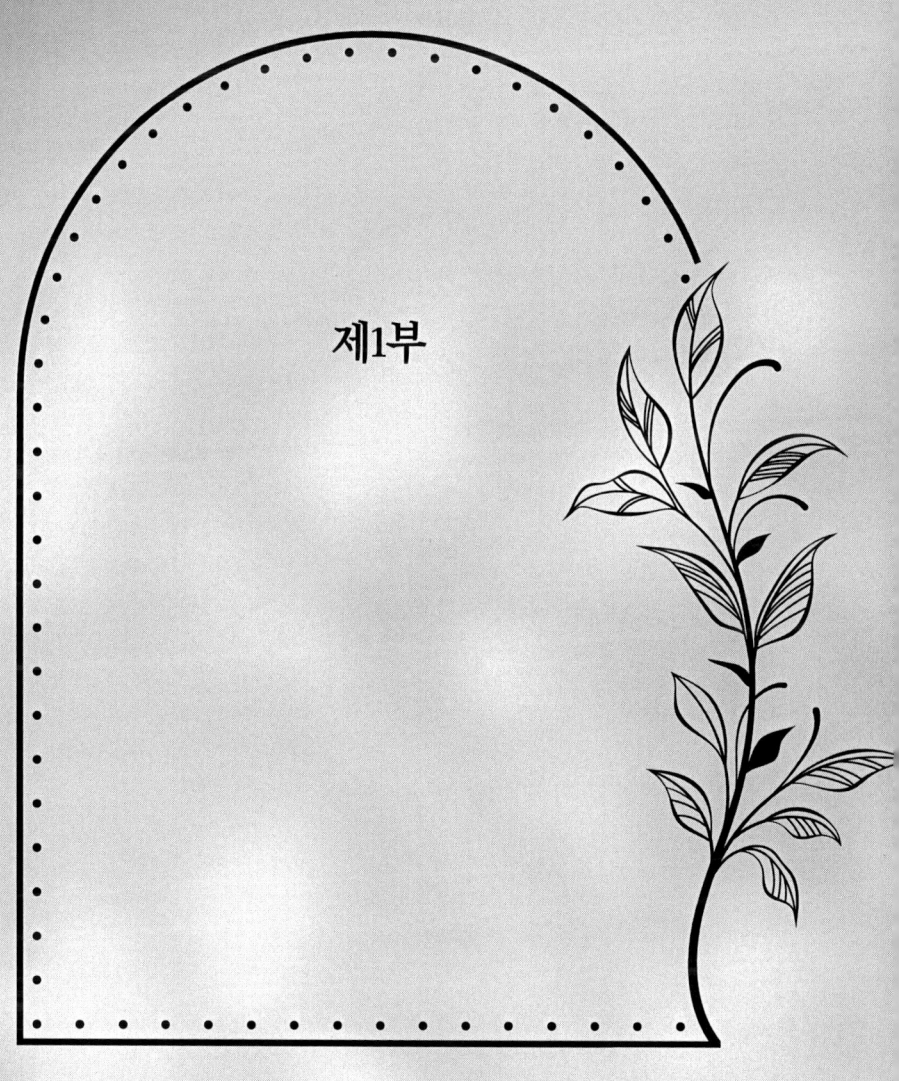

01 교회와 세상 • 025
02 잔재주와 비전 • 028
03 상을 위한 경주 • 031
04 머리와 몸 • 034
05 외딴곳 • 037
06 어리석음을 유지하는 삶 • 040
07 뒤돌아보며 만나는 하나님 • 043
08 네가 도와주어라 • 046
09 사명 선언 • 049
10 어떻게 칭찬할까 • 052
11 성경 공부 • 054
12 스마트폰 • 057
13 임종 예배 • 060
14 사랑은 표현할 때까지 사랑이 아니다 • 063
15 발가락이 아프다 • 066
16 아직도 침대가 좁습니다 • 069
17 죄와 영원한 생명 • 071
18 고르반 • 073
19 어버이날 • 076
20 잃은 양의 비유 • 079
21 그것이 안 된다 • 082
22 나는 영원한 손님인가 • 085
23 여성의 헤픈 옷차림 • 088
24 좋은 소식과 행복 • 091
25 강제로 진 십자가 • 094
26 역사는 기록의 보관이다 • 097

100 • 27 죽음 맞이하기
103 • 28 나와 같이 되기를
106 • 29 하나님의 손
108 • 30 사랑으로 역사하는 믿음
110 • 31 지도자도 죄인입니다
113 • 32 서원 기도
116 • 33 성령을 부어 주시옵소서
119 • 34 기다리는 자가 복이 있다
121 • 35 소망을 묻는 사람
124 • 36 행함이 없는 믿음
127 • 37 은희야, 미안하다
130 • 38 아름다운 부부
133 • 39 행함과 진실함으로 사랑한 사람
136 • 40 목사님께 받은 격려금
139 • 41 여자에게 내린 하나님의 심판
142 • 42 돕는 배필과 도우시는 분
145 • 43 전도의 미련한 것
148 • 44 실감이 나지 않는다
151 • 45 나이아가라 여행
154 • 46 새벽 기도
157 • 47 설명과 본보이기
160 • 48 나그네의 집
163 • 49 가짜와 진짜
166 • 50 예수님의 제자
169 • 51 본받는 자녀들
172 • 52 잊고 있었다

01

교회와 세상

> 이 백성이 입술로는 나를 존경하나 마음은 내게서 멀리 떠나 있다. / 그들은 사람이 만든 법을 마치 내 교훈인 것처럼 가르치고 있으니 나를 헛되이 예배하고 있다.
>
> 마 15:8~9

갑자기 출입을 끊은 교인에게 왜 교회에 나오지 않느냐고 물었더니 '세상 꼴도 보기 싫은데 또 교회에 나가서 세상의 축소판을 보란 말이냐?'고 교회에 나오지 않은 이유를 설명하는 것을 들었다고 합니다. 교회와 세상이 구별이 안 된다는 말입니다.

교회가 세상과 얼마나 다른데 같다고 하는 것입니까? 늦잠 안 자고 새벽 기도 하지, 수요일, 금요일 모임 갖지, 어떨 때는 광적인 부흥회 하지, 각종 헌금 하지, 수련회 하지, 구역 예배 드리지, 성경 공부 하지, 선교회별로 모임 갖지, 전도 훈련 하지, 단기 해외 선교 나가지, 친목 식사 하지……. 세상 삶과 같은 구석은 하나도 없습니다. 모든 교인이 교회란 하나님의 부름을 받은 무리로 그들은 구원의 방주에 앉아 불쌍한 세상의 죄인들을 향해 생명의 낚싯줄을 던지고 있는 어부며 십자군 같은 전사들의 모임으로 자처합니다. 그들은 예수님의 재림을 고대하는 종말론자들인데, 교회를 떠난 사람이 교회는 세상과 다를 바 없다고 말하니 기가 막힐 일입니다. 그런데 교회를 떠난 이 사람은 교인들은 모두 권위주의자들이고, 돈 자랑 하고, 몸치장하고, 교만하고, 몇 안 되는 직분을 계급으로 생각하고 싸우고 질투하고, 편 가르고, 시기하고, 교회 재정을 몇 사람이 좌지우지한다고 합니다. 그래서 이것은 세상보다 더 추하다는 것입니다. 그보다도 그가 정말 교회 생활에 역겨워하는 것은 그들이 겉으로는 종교인 행세 하면서 세상 사람들과 다를 바 없으며, 바리새인과 서기관처럼 위선자 노릇을 하고 있다는 것입니다.

위선자를 제일 미워한 분은 예수님이었습니다. "율법학자들과 바리새파 사람들아, 너희 위선자들에게 불행이 닥칠 것이다. 너희는 회칠한 무덤과 같은 자들이다. 회칠한 무덤이 겉은 아름답게 보이지만 속은 해골과 더러운 것으로 가득차 있다. (마 23:27)"라고 위선자를 꾸중하셨습니다. 교인들이 정말 위선자라면 교회를 떠난 사람이 영적인 사람이고, 예수님을 더 잘 안 사람이며, 교회에 남아 있는 사람들은 오히려 종교의 탈을 쓴 세속적인 위선자들이 아닌가 하고 돌아보게 됩니다. 물론 떠난 사람은 택함을 받고 구원받은 서열에 서지 못하여 교회의 마당만 밟고 다니다가 교회를 비판하고 떠났는지도 모릅니다. 그러나 교회에 머물러 있는 사람은 자기가 "겉으로는 사람들에게 의로운 것처럼 보이지만 속에는 위선과 죄로 가득 차 있는 (마 23:28)" 사람이 아닌지 살펴볼 필요가 있다고 생각합니다. 또 교회를 위한다고 가정도 돌보지 않고, 바쁘게 뛰어다니는데 하나님께서는 불로 태워 바치는 번제보다 하나님 자신을 아는 것을 원하신다(호 6:6)는 것을 잊고 있지 않은지 살펴볼 필요가 있습니다. 겉으로 그럴듯한데 안으로 썩어 있는지 누가 알겠습니까? 2002년에 시카고의 호텔에서 세인트루이스 카디날의 야구선수가 죽어 있는 것을 발견했습니다. 의사의 검시 결과는 그는 관상 동맥 3개 중 2개가 90% 막혀 있던 상태였다고 합니다. 운동 경기를 하는 선수의 모습에서는 아무 증상을 보지 못했는데 신체 내부는 깊이 병들어 있었던 것입니다. (2011.08.23.)

02

잔재주와 비전

> 그러나 예수님은 그들에게 '내 아버지께서 지금까지 일하시므로 나도 일한다.' 하고 말씀하셨다.
>
> 요 5:17

1960-70년대에 한국의 선교사로 와 있던 구바울(Paul S. Crane, 예수 병원 원장) 박사가 쓴 『Korean Pattern』(역서 『한국의 문화 이야기』)에 보면 한국 사람은 기지(奇智)가 뛰어나며 자신감이 넘치는 민족이라면서, 다음과 같은 이야기로 당시의 한국인을 평하고 있는 것을 볼 수 있습니다.

'새로운 도구나 기계 또는 복잡한 현대 기기를 대할 때 보통 남자들은 그것의 한계를 시험하기 위해 대책 없이 덤빈다. 그는 가끔 무언가 소리가 날 때까지 한계를 넘어 실험한다. 다음에는 그것을 분해해서 내용을 탐사하며 조각을 맞춘다. 그 뒤로는 접착제와 고무 밴드와 짐짝을 묶는 철사로 최적의 효율을 유지할 수 있도록 만들어 놓는다. 다른 나라 같으면 풀이 우거진 폐차장에 있어야 할 차가 한국에서는 울퉁불퉁한 길을 원설계자가 생각할 수도 없는 중량 초과의 짐을 싣고 달린다. 예를 들면 1950년 북한군이 후퇴하면서 버리고 간 트럭이 십육 년 후에도 국가의 상품들을 나르고 있는 것이 그 증거다. 버려진 공장의 벽에 있는 더러운 구멍에 선반(旋盤)을 장치하고 젊은이는 부서진 차가 필요로 하는 정확한 부품을 주변에 있는 쇳조각을 주워서 만든다."*

이렇게 우리나라 사람들은 기발한 솜씨가 뛰어나다고 말하고 있습니다. 이런 솜씨와 지혜로 우리나라 중소기업들은 1960-70년대의 가난을 극복하고 세계 20위의 경제 대국을 만든 것입니다. 그러나 이 기발한 지혜는 자기의 유익만을 위해서 쓰일 때는 나라를 망하게 할 수도 있습니다. 이런 기지는 급해지면 남의 지적 재산권을 표절하기도 하며, 경쟁자를 짓밟고 중상모략을 하기 위해 쓰일 수도 있으며, 자기의 유익을 위해 군중을 동원하는 데 쓰일 수도 있습니다. 나라를 세우는 지혜는 오직 위로부터 난 지혜라야 선한 열매를 맺을 수 있는데(약 3:17), 이는 하나님께서 우리의 믿음 위에 역사하실 때만 이루어지는 것을 볼 수 있습니다. "내 아버지께서 지금까지 일하시므로 나도 일한다."라고 예수께서 말씀하신 것은 우리에게 큰 힘이 됩니다. 성부(聖父)와 성자(聖子)는 지금까지도 쉬지 않고 일하십니다. 그분들은 엿새 동안 세상 창조의 일을 하셨

---

* 천사무엘, 김균태, 오승재, 역서 한국문화 이야기, 도서출판 동연, 2011, P134

습니다. 에덴동산에서도 아담이 그곳을 경작하도록 도우셨습니다. 인류가 죄를 범한 후에도 노아를 통해, 아브라함을 통해, 모세를 통해, 사사들을 통해, 선지자들을 통해 천국을 회복하는 일을 하고 계십니다. 특히 인류를 구원하시기 위해 예수님을 통해 일하셨습니다. 예수님을 따르는 모든 신도의 믿음을 통해 하나님은 지금도 일하고 계신다는 것을 믿을 때 나라를 세우는 큰 역사는 위에서 난 지혜를 통해서만 가능하다고 생각합니다. 기지(奇智)가 하나님의 뜻에 맞는 도구가 될 때 비전이 생기고, 하나님의 능력을 힘입을 수 있다고 생각합니다. (2011.09.21.)

03

상을 위한 경주

> 그렇다면 내가 받을 보수는 무엇입니까? 그것은 내가 기쁜 소식을 전할 때 값 없이 전하는 것과 나의 당연한 권리를 쓰지 않는 그것입니다.
>
> 고전 9:18

2011년 대구 세계육상선수권대회는 9월 4일에 폐막하였습니다. 이 경기를 보면서 저는 바울 사도가 자주 언급했던 '경주'란 말을 떠올렸습니다.

"…… 우리도 모든 무거운 짐과 얽매이기 쉬운 죄를 벗어 버리고 목표를 향해 꾸준히 달려갑시다. / 믿음의 근원이시며 우리 믿음을 완전케 하시는 예수님을 바라봅시다. ……"

히브리서 12장 1, 2절에 있는 말씀을 제가 처음 대했을 때 저는 우리 믿는 사람들은 인내하며 천국에 들어가는 경주를 하는 것으로 생각했습니다. 그런데 얼마 동안 교회에 다니면서 천국은 구원을 받은 사람은 누구나 들어가기 때문에 예수를 구주로 영접하고, 구원받으면 경주하지 않고도 값없이 모두 천국에 들어간다는 것을 알게 되었습니다. 그리고 여기서 언급하는 경주는 구원을 얻은 사람들에 대한 것임을 알게 되었습니다.

> "구원을 얻었으면 그만인데, 무엇 때문에 또 힘거운 경주를 해야 합니까? 바울은 구원을 얻기 위해서가 아니라 하나님께서 위로부터 부르신 그 부르심의 상을 받으려고, 목표점을 바라보고 달려가고 있다고 합니다. (빌 3:14)"

즉, 이 경기는 구원받은 사람들이 상 받기 위한 것입니다. 그리고 이런 상을 받을 사람은 오직 한 사람뿐(고전 9:24)이라고 말합니다. 제가 우사인 볼트(자메이카의 초인적 육상 선수)도 아닌데 한 사람만 상을 받는 경주에 나설 수가 있을까요? 바울은 한마디 더 붙입니다. '그들은 썩을 면류관을 얻기 위해 그렇게 하지만 우리는 썩지 않을 면류관을 위해 그렇게 해야(고전 9:25) 한다'는 것입니다. 고린도 근방에서는 2년에 한 번씩 경기가 개최되었는데, 거기서 주어지는 면류관은 월계수나 솔잎으로 만든 화관이었다고 합니다. 그런데 우리는 이런 썩어 없어질 관이 아니라 영원히 썩지 않을 관을 얻기 위해 경기를 한다는 것입니다. 도대체 이런 썩지 않을 상은 어떤 것일까요? 바울은 "내 상이 무엇이냐?"고 자문하면서 "내가 복음을 전할 때에 값없이 전하고 복음으로 말미암아 내게 있는 권리를 다 쓰지 아니하는 이것이로다."라고 답합니다. 분명 화려한 면류관을 말하지 않고 있습니다. 자기는 예수를 핍박하다가 강제로 붙들려 이방인에게 복음을 전하도록 사명을 받은 그리스도의 종이 되었기 때문에 좋은 상을 받을 자격이 없다는 것입니다. 다만 그가 이 세상에서 할 수 있는 경주는 돈 때문에 복음을 전한다는 말을 듣지 않도록 보수를 받고, 일하는 권리를 다 쓰지 않고 밤낮으로 스스로 일하면서 하나님의 복음을 전하는 일이었습니다. 그 복음을 듣고 믿음이 확고해진 신도들이 주께서 재림할 때 그와 함께 주 앞에 서 있는 것을 보면 그들이야말로 자기의 면류관이라(살전 2:19)고 말합니다. 이것이 바울이 받고 싶은 썩지 아니할 면류관이었습니다.

우리는 1등 상을 받으려고 경주하는 것이 아닙니다. 구원받은 우리는 이 세상에서 소명을 따라 피나게 경주를 하되, 상은 하나님께서 주십니다. (2011.09.28.)

04

머리와 몸

> 내가 온 땅의 씨 맺는 식물과 열매 맺는 모든 나무를 너희에게 주었으니 그것이 너희 양식이 될 것이다.
>
> 창 1:29

30여 년 만에 수녀인 제자를 만나게 되었습니다. 1973년에 우리 수학과를 졸업한 유일한 수녀였었는데, 그때도 만학이었던 그녀 나이는 벌써 70이 다 되어 있었습니다. 지금은 강원도의 깊은 산골 수녀원에서 두 수녀가 자갈밭을 개간하여 1,000여 평의 논을 만들고 농사를 하고 있습니다. 그녀의 철학은 '머리를 쓰지 말고 몸을 쓰라'는 것이었습니다. 머리는 쓸수록 하나님에게서 멀어지고, 몸은 쓸수록 하나님께 가까워진다는 것입니다. 처음에는 무슨 말인지 이해를 하지 못했습니다. 예수님과 가까워지기 위해 성경 통독을 하고, 성경 공부를 하고, QT를 하고, 또 경건의 훈련을 하기 위해 치밀한 일과표를 짜는데, 그럴수록 하나님에게서 멀어진다는 것입니다.

생각해 보면 예수님께서는 이 땅에 오셔서 33년 동안에 하나님께서 맡기신 구원의 큰 사역을 마치셨는데, 공생애 3년 동안도 머리를 쓰지 않고 몸을 쓰신 것 같습니다. 마스터플랜이 없었습니다. 지금 같으면 세계 인류 구원을 위해 제자는 언제 택할 것인지, 그들은 어떻게 훈련할 것인지, 하나님의 아들임을 보이기 위해 이적은 어떤 것을 언제 행할 것인지, 바리새인과 서기관들의 고정 관념들을 어떻게 바로잡아 놓을 것인지 머리를 써서 연구하지 않으신 것 같습니다. 물로 포도주를 만드는 이적도 어머니의 말씀 때문에 어쩔 수 없이 했으며, 바다를 잠잠하게 하는 것이나 물 위를 걷는 것도 계획적이 아니고 우발적인 일처럼 보입니다. 그분은 머리를 써서 계획하신 것이 아니고, 몸으로 하나님 뜻에 순종하는 일만 하셨다는 생각이 듭니다.

서양 사람들이 과학적이고, 합리적이고, 이성적이며, 동양 사람들이 명상적이고, 신비적이며, 감성적이라면 예수님은 어쩔 수 없는 동양 분인 것 같습니다. 그분은 "지혜로운 사람과 강한 사람들을 부끄럽게 하시려고 어리석고 약한 사람들을 택하시고(고전 1:27)"라고 세상의 지혜를 탐탁지 않게 생각하셨습니다. 또 머리를 굴려 재산과 영생을 동시에 갖고자 하는 자에게 "가서 네 재산을 다 팔아 가난한 사람들에게 나눠 주어라. (막 10:21)"라고 말씀하셨습니다. 또한, 측은한 마음이 없이 권좌에 앉아 기득권만을 주장하는 바리새인들에게 "너희는 하늘나라 문을 가로막고 서서 너희도 들어가지 않고 들어가려는 사람도 못 들어가게 한다. (마 23:13)"라고 꾸중하셨습니다. 우리 인간은 태어나면서부터 자기가 얼마나 어리석은 자인지 모르는 자들인데 그런 본래의 모습을 지식으로, 부귀로, 권력으로 위장하면 더욱 예수님에게서 멀어지는 것이 아닐까요?

하나님께서 씨 맺는 모든 채소와 씨 가진 열매 맺는 모든 나무를 인간에게 주시면서 이것이 너희의 먹을거리가 되리라고 말한 것은, 하나님께서 창조하신 만물을 일하면서 다스림으로 하나님의 창조 사역을 아름답게 마무리하라는 말씀으로 듣고 따르는 게 주님께 가까워지는 길이라고 생각합니다.

제가 아는 수녀는 신 중에서 일어나면 풀 냄새와 땅 냄새를 맡으며 머리가 아닌 몸을 써서 하나님께 순종하며 일하고 있습니다.

(2011.10.05.)

05

외딴곳

> 날이 밝자 예수님은 마을을 떠나 외딴곳으로 가셨다. 한편 사람들은 예수님을 찾다가 만나자 자기들에게서 떠나지 못하게 하려고 하였다.
>
> 눅 4:42

　예수님께서 '외딴곳'을 찾으셨다는 말은 성경 이곳저곳에 많이 나옵니다. 무리에게 시달리면 아버지인 하나님과의 교제가 소원해지는 것을 경계했기 때문인 것 같습니다. 우리도 요즘은 외딴곳을 원합니다. 그러나 외딴곳을 찾을 수 있을까요? 장사하는 곳은 물론 외딴곳이 아닙니다. 팔려고 기를 쓰고, 싸게 사려고 기를 쓰는 사람들로 아비규환입니다. 재래시장이나 백화점이나 아울렛이 그렇습니다. 우리가 사는 아파트 주변은 어떻습니까? 거리의 소음, 음식점 주변의 노변 주차, 그 사이를 달리는 승용차의 소음. 밤에는 술꾼의 고성방가……. 정말 외딴 곳을 찾고 싶습니다. 지성인은 좀 조용할 것 같은데, 정치판의 표몰이를 하는 정치인들은 더 시끄럽습니다. 대기업의 경제인들은 점잖은 것이 아니고 검찰청을 드나드느라고 마음속을 시끄럽게 합니다.

세속을 떠난 산은 좀 외딴곳일까요? 예수님 당시는 그랬을 것 같은데, 지금은 어림없습니다. 경치가 좋다면 등산객들이 버스를 전세해서 몰려들어 발로 밟아 민둥산을 만들어 버립니다. 좀 발길이 뜸해 괜찮다 싶으면 산에 심어진 나무를 자르고 불도저가 땅을 헐어 스키장이나 골프장을 만드느라 시끄럽습니다. 또 아예 산을 사서 큰 콘도를 짓습니다. 절은 외딴곳일까요? 아닙니다. 요즘은 절도 관광객을 유치하기 위해 록 밴드(rock band)를 초청하여 음악회를 하고 구경하는 스님들도 환호합니다. 명상으로 열반의 상태에 들어갔다는 부처님 제자들의 민낯일까요? 요즘은 아예 스님 록 밴드가 조직되어 악기를 들여놓고 작곡도 하며 키보드, 드럼도 연주하는 연습을 한다고 합니다. 황금색 불존(佛尊) 앞에서 마이크를 들고 노래하는 스님의 노래가 너무 좋고, 그 가사가 더 좋다는 네티즌들의 글을 보면 불교가 세상을 떠난 것(俗離)이 아니고 세상 속으로 빨려 들어갔다고 하고 싶을 지경입니다.

다윗은 여러 나라를 정복하기 위해 피를 많이 흘렸기 때문에 하나님께서 성전 건축을 허락받지 못한 사람입니다. 그러나 그는 말년에 많은 욕심을 내려놓고 하나님의 품(외딴곳)에 편히 쉬고 싶어 했습니다. 그는 시편에서 "오히려 내 마음이 고요하고 평온하니 젖 뗀 아기가 자기 어머니 품에 고요히 누워 있는 것 같습니다. (시 131:2)."라고 노래했습니다. 그는 모든 욕심을 버리고 겸손하겠다는 것입니다. 젖을 달라고 칭얼대는 아이가 아니라 젖을 보고도 더는 빨려 하지 않고 아무 욕심 없이 어머니 품에 평안히 안겨 있는 평온을 원한다는 것입니다. 현재도 장래도 다 이미니께 맡겨 버리고 아무 소원도 하지 않겠다는 것입니다. 기독교인인 우리가 바라는 이상이 바로 이런 것이 아닐까요? 요즘 저는 인터넷의 얼책(facebook)에 빠져 시간 가는 줄을 모르는 경우가 있습니다. 외딴 곳을 원한다는 저도 불당에서 노래하는 스님처럼 속세에 빨려드는 것이 아닐까요? (2011.10.12.)

06

어리석음을 유지하는 삶

> 스스로 지혜롭다고 생각하는 사람보다는 오히려 미련한 자에게 희망이 더 있다.
>
> 잠 26:12

지난 10월 5일(2011년), 스티브 잡스(Steven Paul Jobs)가 세상을 떠나자 온 세상이 그를 애도하는 목소리를 높였습니다. 우리나라에서도 특히 그의 스탠퍼드대학교에서의 졸업 권설은 아주 유명해졌습니다. 그중에 "Stay hungry. Stay foolish."라는 말은 우리에게도 주어진 말이라는 생각을 하게 되었습니다. 왜냐하면, 이 말은 『지구백과(Whole Earth Catalog)』의 최종판 뒤표지의 그림에 써진 글로써, 잡스가 언제나 지키고 싶었던 좌우명이며, 대학을 졸업하고 새 삶을 살고자 하는 대학생들의 좌우명도 되기를 원한다고 말하며 권설을 끝냈기 때문입니다. 그런데 'Stay hungry.'는 잘 이해가 됩니다. 사슴이 시냇물을 갈급함같이 자기가 사랑하는 일에 갈급한 상태로 살라는 말로, 이해가 가능합니다. 그러나 'Stay foolish.'에는 해석이 구구합니다. '어리석은 상태'로 살라는 것은 이해가 되지 않기 때문입니다. '어리석은' 것은 '슬기로운' 것과 반대되는 개념으로, 매우 부정적인 말이기 때문입니다. 성경에는 "어리석은 일에 미쳐 날뛰는 바보를 만나는 것보다 차라리 새끼를 빼앗긴 어미 곰을 만나는 것이 더 안전하다. (잠 17:12)."라고 말했고, "미련한 자를 절구에 넣고 곡식과 함께 공이로 아무리 찧어 봐도 그의 미련한 것은 벗겨지지 않는다. (잠 27:22)"라고 저주한 내용도 있어 그런 미련한 자(어리석은 자)로 살라는 말은 적절하지 않기 때문입니다. 그래서 어떤 이는 '우직(愚直)하게' 살라고 해석합니다. 우직은 어리석다는 뜻이 좀 희석되기 때문입니다. 그런데 이것은 어리석음에 고지식하다는 두 번째 의미가 첨가된 것입니다. 어떤 이는 학문 탐구에 '갈급하라.' 그리고 끝까지 '학문을 계속하라.'라고 해석하기도 합니다. 그것이 잡스의 좌우명이며 졸업생들의 좌우명이기를 원했을까요?

잡스는 비싼 등록금 때문에 6개월 만에 대학을 그만두었을 때도 위기를 기회로 생각하고 자기 일을 사랑했으며, 호기심과 직감을 믿고 아버지의 창고에서 친구와 함께 20세 때 애플사를 창업하고, 29세에 이 회사를 4,000명을 거느린 대기업으로 성장시켰는데, 자기 회사에서 추방당하고 다시 홀로 되어서 NeXT 컴퓨터를 창업했습니다. 후에 도산해 가는 애플사가 이 회사를 사들여 잡스를 최고 경영자로 영입했을 때, 그는 애플의 혁신과 시장에서의 성공을 거두었습니다. 그는 여기서 14년 동안을 연봉 $1로 봉사하다가 건강 악화로 2011년 8월 퇴사하였습니다. 그의 삶은 세상 사람들의 눈에는 분명 어리석은 삶이었습니다. 그는 남이 어리석다고 보는 삶을 살기를 좋아했습니다. 지식으로, 부귀로, 권력으로 자기를 포장하면 성공적인 인생으로 비칠지 모릅니다. 그러나 그는 기독교인은 아니지만 그런 포장된 인간이 아니고, 신이 주신 원초적인 모습으로 사는 것, 즉 '어리석은 상태로' 사는 것이 옳은 삶이라고 생각한 것 같습니다. (2011.10.17.)

07

뒤돌아보며 만나는 하나님

> 사람이 무엇인데 주께서 그를 생각하시며 사람의 아들이 무엇인데 주께서 그를 돌보십니까?
>
> 시 8:4

아내는 큰 사진 앨범을 날짜 단위로, 사건 단위로 체계화해서 20권 이상 가지고 있습니다. 나이가 들면 먼저 사진부터 버려야 한다는데, 아내는 더 열심히 사진첩을 정리하고 있습니다. 언제, 어디를, 어떻게, 왜 여행했는지, 연도와 시간과 지명을 얼마나 정확하게 기억하는지 놀라운 정도입니다. 늙어서 과거에 파묻혀 살고 싶어서 그러는 것일까요? 그러나 정반대입니다. 우리를 향하신 하나님의 사랑은 뒤돌아볼 때만 깨달을 수 있습니다. 그래서 아내는 사진첩으로 뒤를 돌아보며 하나님께 감사하고 찬양합니다. 이것이 또 앞날에 하나님께서 저희에게 베푸실 이적을 기대하며, 오늘을 행복하고 충성스럽게 사는 힘이 됩니다.

저도 과거를 돌아보며 제가 무엇이기에 주께서 이렇게 생각하여 주셨는지 감동합니다. 저는 1981년 9월부터 1983년 6월까지 미국 텍사스의 시골 브라운우드(Brownwood)에 있는 작은 대학에서 조교수로 근무한 일이 있습니다. 그때를 생각하면 지금도 보잘것없는 제 여생에 하나님께서 보여 주신 기적과 은혜를 생각하며 용기를 얻습니다. 대학에서 공부를 마치고 연구 논문만 남겨 놓고 있을 때였습니다. 저는 역사가 100년은 되는 HPU(Howard Payne University, Brownwood)에 채용이 되었는데, 당시 저는 학위도 없었고, 영주권도 없었습니다. 그런 제가 개학이 임박해서 그 대학에 취직이 되었는데, 취직이 약속된 한 지원자가 취임을 포기하고 떠나 버린 학위를 가진 미국인 때문에 채용이 된 것입니다. 거기서 저는 교수 숙소에도 들어갔고, 영주권도 받았으며, 논문을 완성하고 다니던 대학에서 학위도 받았으며, 교회에서 장로도 되었습니다. 기적이 일어난 것입니다. 그 시골에서 한인 교회까지는 2시간 반이 걸리는 거리였는데 그것 때문에 장로 장립을 거부했는데, 1년 동안 가까이에 있는 교인보다 더 시간을 잘 지켜 교회에 출석했다고 다음 해에 장로 장립을 받은 것입니다. 아침 8시에 일어나 도넛과 커피를 사서 차에서 먹고 마시며 교회에 다녔는데, 그때 차 안에서 CCC의 성구 암송 카드로 성구도 암송했으며, 밤늦게 올 때는 찬송을 소리높이 불렀습니다. 아내와 언쟁으로 견해차를 좁히기도 했습니다. 자동차의 주행 거리계가 한 바퀴는 돌아 버린(10만 마일) 중고차를 타고 다녔는데, 꼭 한번 중도에 멈추어 선 일이 있었습니다. 차가 섰을 때, 지나가던 천사가 차를 멈추고 고쳐 준 뒤에 얼마 동안 나를 따라오다가 돌아가는 모습도 본 일이 있었습니다. 교인들이 가장 먼 곳에서 교회에 다니는 사람이라고 늘 기도해 주는 것을 느끼고 있었는데, 직접 어려울 때 돕는 손길을 만난 기적을 체험한 것입니다.

아내는 주일마다 댈러스에서 바느질하는 일감을 가져와서 만들어 납품했는데, 2년간 아픈 일이 없었으며, 저는 『어빙 젠슨(Irving L. Jensen)의 성경 연구 시리즈』로 성경 자습을 이곳에서 했습니다. 하나님을 향해 눈을 뜨게 된 곳입니다.

이렇게 과거를 돌아볼 때마다 저는 뚜껑 없는 트럭의 짐칸에 타서 멀리 멀어져 가는 경치, 즉 현재가 과거가 되는 모습을 보며 살고 있습니다. (2011.10.19.)

08

네가 도와주어라

> 그래서 주인은 그에게도 '잘하였다. 착하고 충실한 종아, 네가 작은 일에 충실하였으니 내가 너에게 많은 일을 맡기겠다. 너는 주인의 기쁨에 참여하여라.' 하였다.
>
> 마 25:23

저는 지난 9월 마지막 주일의 오후 예배에 김석균 선교사가 와서 찬양 간증 예배를 인도한다는 말에 가슴이 뛰었습니다. 그는 서울의 문일고등학교 교사로 있을 때 제가 학교로 전화해서 대전에 와서 찬양 간증 예배를 인도해 달라고 부탁을 했는데, 그때도 벌써 유명해지고 바쁜 분이었는데, 제 요청에 두 번 이상 기꺼이 응해 주었던 분입니다. 마지막은 1997년이었는데, 그는 왔다 가면서 저에게 복음성가 작곡 음반 2개를 기념으로 주면서 의미 있는 개인 서명까지 해 주고 가서 오랫동안 그 음악을 들으며 은혜를 받았습니다. 그 뒤로는 그는 신학도 공부하면서 극동 방송이나 CTS 방송에 바쁘게 출연하는 것을 보고 이제는 우리 교회에 모시기는 어렵겠다고 생각하고 있었는데, 갑자기 교회에 오게 되었다고 해서 정말 만나 보고 싶었습니다. 그런데 그는 이제는 '월드 비전'의 홍보대사가 되어 있었습니다.

그와 함께 찬양하면서 또 간증을 들으면서, 나를 많이 돌아보게 되었습니다. 특히 동영상을 통해 텔런트 김혜자 권사가 아프리카에서 굶주린 어린애들을 품에 안으며 그들의 실상을 들려주는 모습을 보면서, 머리로는 하나님의 말씀을 이해하면서 말씀을 실천하지 못하며 행함이 없는 신앙 가운데 사는 자신이 부끄러워졌습니다. 우리가 지구상에서 굶주려 죽어 가는 아프리카의 난민에게 하나님의 사랑이 고르게 미치지 못한 것을 죄송하게 생각하고 있었다면 호텔에서 호화로운 식사를 대할 때, 또 조금은 사치스러운 옷이나 핸드백을 사려 할 때는 이 값이면 아프리카의 굶주린 어린애 몇 사람의 생명을 살릴 수 있겠는가를 생각했을 것입니다. 김석균 선교사가 이런 일에 홍보대사로 뛰어든 것이 갸륵하게 생각되기도 했습니다.

드디어 우리에게 후원 신청서가 나누어졌습니다. 알고 있는 것을 이제 실천하자는 것이었습니다. 아동 결연 후원은 국내가 월 5만 원, 해외가 월 3만 원이었습니다. 막상 후원 신청서를 대하고 보니 펜이 움직이지 않았습니다. 우리가 가진 것은 다 하나님께서 맡기신 것인데, 하나님의 뜻대로 쓰고 싶지 않은 것입니다. "너는 그 정도 내도 굶지 않는다. 도와주어라." 그러나 쉽게 결정하지 못하였습니다. 그래서 1년간만 3만 원씩 내겠다고 설명을 붙여서 다시 집으로 연락을 해 달라고 써서 제출하였습니다. 집에 와서 아내에게 말했더니 1년간이 뭐냐고, 평생 살아 있는 동안 내야 한다고 말하면서, CTS 방송을 듣는 동안 몇 번이고 후원해야 한다는 생각을 하고 실천을 못 했는데, 하나님께서 기회를 주셔서 감사하다고 말했습니다. 부끄러운 생각이 들어서 '월드 비전'에서 전화가 왔을 때 일 년이 아니고 평생을 내겠다고 말했더니, 결연 아동의 사진이 왔습니다. 하나님께서 맡기신 것을 보람 있게 쓴 것입니다. "착하고 신실한 종아, 잘했다."라고 하나님께서 칭찬하시는 것 같았습니다. (2011.10.21.)

09

사명 선언

> 여러분이 전에는 어둠 속에 살았으나 이제는 주님을 믿고 빛 가운데 살고 있으니 빛의 자녀답게 살아야 합니다.
>
> 엡 5:8

예수님께서 오셔서(초림하여) 우리 안에 빛이 비치기 시작했습니다. 그래서 어둠 속에 있던 우리는 구원을 받고 빛 가운데 살게 되었습니다. 그러나 예수님께서 재림하시기까지는 어둠의 세상이 공존합니다. 그래서 바울은 악의 세력과 함께하는 자가 되지 말고, 빛의 자녀답게 살라고 권면합니다. 그러나 우리는 세상의 유혹에서 벗어나지 못합니다. 호화, 사치, 명예, 권력, 남을 죽이는 집단 이기주의에 눈이 가려져서 믿는 자가 되어서도 참된 것을 보지 못하며, 다시 죄의 멍에를 메게 됩니다.

인돈(William Alderman Linton)은 남 장로교 선교사로, 1912년 한국에 와서 교육선교사로 48년을 살았습니다. 문맹자가 많은 한국은 교육이 먼저라는 생각을 한 것입니다. 그러나 그가 제일 먼저 봉착한 난관은 일본의 교육 사업에 대한 탄압이었습니다. 고등보

통학교를 세워 기독교 지도자를 양성하려 하는데, 지금 교육부에서 대학 평가를 해서 학교를 퇴출하겠다고 위협하는 것처럼 학교가 국가에서 요구하는 조건을 충족시키지 못하면 졸업해도 전문학교의 진학이 허락되지 않으며, 관공서에 취직도 할 수 없다고 국가 인정(지정 학교)을 받으라고 요구했습니다. 이 조건이란 충분한 학교 시설을 갖출 것, 양질의 교사를 확보할 것 그리고 학생들 전원이 국가고시에 우수한 성적으로 통과할 것 등이었습니다. 간난신고 끝에 그가 맡은 전주의 신흥학교는 1933년에 지정 학교가 되었습니다. 그러나 일제는 이 학교에 신사 참배를 강요하고, 이에 응하지 않으면 학교 인가를 취소하겠다고 다시 협박하였습니다. 어쩔 수 없이 1937년 그는 학교를 폐교하였습니다. 왜 재력 있는 한국인이나 일본인에게 학교를 넘기지 않았을까요? '이 학교는 예수를 믿고 예수처럼 살겠다는 학생을 기르는 것을 사명으로 한다.'라는 '사명 선언(Mission Statement)은 그의 마지노선이었습니다. 요즘 대학은 정체성을 가지고 차별화된 사명 선언을 사회를 향해서 하는 것일까요? 교육부가 경영난에 있는 대학의 퇴출을 시사하자 시장 경제의 원리를 따라 돈벌이 되는 학과는 살리고 돈벌이 안 되는 학과를 마구 자르는데, 이것은 철학도, 역사의식도, 합리성도, 원리 원칙도 없는 짓입니다.

기독교 대학은 우리는 "이것 없이는 대학이라 할 수 없다."라는 사명 선언을 사회를 향해서 하고, 당당히 사회와 정부에 맞서고 살아남을 길을 찾으며, 원칙 없는 구조 조정으로 뼈 없는 기름 덩이가 되어 종국에는 과체중 환자로 사망히지 않게 되어야 합니다. 어둠의 세상에서 자유롭게 되어 영안(靈眼)을 가지고 미래를 바라보며, 빛의 자녀답게 소망을 두고 힘든 현실을 이겨 내야 합니다.
(2011.11.16.)

10

어떻게 칭찬할까

> 우리는 여러분에 대해서 항상 하나님께 감사하며 기도할 때 여러분을 기억합니다. / 우리는 여러분이 믿음으로 행한 일과 사랑의 수고와 우리 주 예수 그리스도에 대한 희망을 가지고 인내한 것을 우리 하나님 아버지 앞에서 쉬지 않고 늘 기억합니다.
>
> 살전 1:2~3

저는 묵상집을 출판하면 평소에 가깝게 지내던 분에게 책을 선물하는데, 책을 읽고 나서 참 좋았다고 칭찬해 주면 기쁘고, 아무 말 없이 침묵하면 기분이 언짢아집니다. 칭찬은 고래도 춤추게 한다는데 칭찬받는 것을 싫어하는 사람이 누가 있겠습니까? 나이가 많아지면 자녀 집을 찾아다니며 손자들 칭찬과 자녀 칭찬을 아끼지 않습니다. 잘못하는 일이 있더라도 훈계를 좋아하는 애들이 없으며, 반면 칭찬해서 싫어하는 애들이 없기 때문입니다. 그러나 칭찬 듣는 것에 익숙해지면 자기가 하는 일이 옳다고 생각해서 교만해지며 칭찬하지 않는 사람을 멀리하게 됩니다. 그래서 칭찬 듣는 사람을 망치게 합니다. 잠언에는 "어리석은 사람은 자기 행위가 옳은 줄로 생각하지만 지혜로운 사람은 남의 충고를 듣는다. (잠 12:15)", "아이에게 바른

길을 가르쳐라. 그러면 늙어도 그 길을 떠나지 않을 것이다. (잠 22:6)." 또 "어리석은 질문에는 어리석은 대답을 하라. 그렇지 않으면 그가 자기를 지혜롭게 여길 것이다. (잠 26:5)." 등등 충고를 귀담아듣는 지혜로운 사람이 되기를 권하는 말이 많습니다.

우리나라는 지위가 높은 사람에게 아부성 칭찬을 많이 하는 경향이 있습니다. 그래서 칭찬을 듣는 사람은 자기가 정말 말을 잘하고 일도 잘한다고 생각해서 교만해지고 방자해집니다. 정말 훌륭한 지도자를 만들려면 그를 따르는 사람들이 칭찬을 자제할 필요가 있습니다. 사실 현명한 지도자라면 그 칭찬은 하나님께 돌려야 할 일이요 자기가 가로챌 수 없다고 생각할 것입니다. 그러나 칭찬에 인색하여 침묵하고 있으면 또 지도자는 낙담해서 자신감을 잃게 됩니다. 칭찬하되 듣는 사람이 방자해지지 않도록 어떻게 할 것인가를 생각할 필요가 있습니다.

오늘 성경 말씀은 바울이 데살로니가 교회 교인을 칭찬하는 말입니다. 직접적인 칭찬이 아니고 그들의 믿음, 사랑, 소망의 선한 행위를 칭찬하면서 하나님께 감사를 돌리고 있습니다. 아부성 칭찬이 아니고 애정 어린 칭찬, 하나님 안에서 믿음이 성장해서 드러난 행위를 하나님 앞에 감사하는 칭찬입니다. 우리는 칭찬을 하면서도 스스로 우쭐해져서 교만해지지 않도록 바울의 칭찬하는 방법을 배워야 하겠습니다. 또 칭찬을 받는 사람도 칭찬을 받게 된 근원이 하나님께 있음을 깨닫고 더욱 겸손해져야 한다고 생각합니다. (2012.01.31.)

11

성경 공부

> 모든 사람이 다 사도나 예언자나 교사나 기적을 베푸는 사람은 될 수 없지 않습니까? / 또 모든 사람이 다 병을 고치거나 방언을 하거나 통역할 수도 없지 않습니까?
>
> 고전 12:29~30

　우리 교회도 성경 공부를 하는데, 다른 교회처럼 지도자가 부족합니다. 신학교를 마치고 평신도로 교회를 섬기는 헌신 된 신자가 많으면 성경을 분야별로 나누어서 가르칠 수 있으며, 뷔페처럼 다양한 차림으로 교인들이 자기가 깊이 알고 싶은 내용을 선택해서 공부할 수 있도록 해 줄 수 있을 텐데 신학교만 나오면 다 전도사가 되고 목사가 되어 버리기 때문에 성경 공부는 지도자가 부족합니다. 그래서 신앙에 깊이가 있다고 생각되는 장로나 권사들을 택해 맡기는데, 잘못 가르칠까 봐 공과 책을 선택해서 사 주면서 거짓 교사가 되지 못하도록 가이드라인을 정해 줍니다. 그러면서도 어떤 교회는 성경 공부에 큰 기대를 하지 않고 이를 예배 시간과 봉사 시간 사이를 메우는 시간으로 사용하기도 합니다. 그래선지 교인들도 시간이 없으면, 예를 들어 결혼식에 간다든가, 봉사 시간이 길어진다든가, 사적인 일이 생긴다든가 하면 공부를 하시 않고 들쑥날쑥 결석하게 됩니다.

저는 성경 공부반을 30년 이상 맡아 왔습니다. 성경을 가르치는 게 아니라 성경의 말씀을 나누는 것입니다. 우리는 나약한 존재들이기 때문에 신앙생활을 하면서도 시험에 들게 되고, 한 번 빠지면 헤어날 수가 없습니다. 그래서 '시험을 이기게'가 아니라 결코 '시험에 빠지지 않게' 해 달라고 기도합니다. 성경을 읽으면 구원의 은총과 성화, 영화의 과정을 깨달을 뿐 아니라 말씀 속에서 특별히 자기 자신을 위해 주시는 음성을 듣게 됩니다. 그래서 이에 대해 서로 이야기를 나눕니다. 그리고 어려운 일이 있을 때는 서로를 위해 기도합니다. 이것이 서로 돕고 격려하며 교회이신 그리스도의 몸을 이루어 나가는 일이라고 생각합니다. 하나님 나라의 백성이 되는 것입니다. 이것이 평범하고 너무 소극적인 행위라고 '불의 종'이 되기를 원하는 사람이 있습니다. 다 목사고, 전도자고, 능력 행하는 자고, 병 고치는 자면 어린애를 낳고, 생업에 종사하고, 주의 음성에 순종하고 따르는 주의 백성은 어디에 있습니까?

얼마 전 열심히 성경 공부를 하던 분이 교회를 떠나서 저에게 전화를 해 왔습니다. 3일 금식 기도는 했지만 10일 금식 기도는 처음이었는데, 금식 후 보양식을 먹고 회복하느라고 좀 시간이 걸려 전화가 늦었다면서, 금식 기도로 많은 은혜를 받았으며 앞으로는 자기는 오직 주의 지상 명령을 수행하는 데 여생을 바치기로 서원하였다고 말하면서 하루 뒤부터 또 부흥회가 시작되는 데 참석하겠다고 말했습니다. 자기가 아내와 헤어져서 이곳 개척교회에 혼자 오게 된 것은 하나님께서 길을 인도하셨기 때문인 것 같다는 이야기였습니다. 저는 '기독교인의 롤 모델은 '불의 종, 김익두 목사'만은 아닌데'라는 생각을 했습니다. (2012.02.08.)

12

스마트폰

> 그 표를 갖지 않은 사람은 아무것도 사거나 팔지 못하게 했는데 이 표는 짐승의 이름 또는 그 이름을 상징하는 숫자입니다.
>
> 계 13:17

저는 얼마 전에 휴대폰을 교체했습니다. 전에 가지고 있던 휴대폰을 별 불편 없이 쓰고 있었는데, 2년 이상 계속 썼으니 좀 더 편리한 스마트폰으로 바꾸어 보라는 유혹에 빠진 것입니다. 전화번호도 그대로, 추가 요금도 없이 그냥 새 휴대폰을 보내 주겠다는 것이었습니다. 애교 섞인 여인의 음성은 음녀의 입술로 꿀을 떨어뜨리고 있었습니다. 앞으로 삼 년 이내에 학교에서는 책을 없애고 전자책으로 대신하겠다고 하는 시대인데 아직도 젊은 음성을 가지신 분이 하루라도 빨리 편리한 스마트폰으로 바꾸는 것이 좋지 않겠느냐는 것이었습니다.

스마트폰이 우편으로 보내졌는데, 사용 설명서가 얇고 글씨는 작아 그 설명을 보고는 어떻게 쓸 것인지조차 알 수가 없었습니다. 우선 KT의 대리점으로 가서 옛 휴대폰에서 등록된 전화번호를 다

옮기고, 휴대폰의 커버를 벗기고 닫는 것, 전화 걸고 끄는 방법, 진동으로 바꾸는 방법 등 기초적인 것을 익혔습니다. 그런데 등록된 전화번호를 직업별로 그룹화해서 묶을 수 없느냐고 물었더니 이 핸드폰은 자기 것과는 달라서 잘 모르겠다는 것이었습니다. 내가 받은 Motorola는 좀 격이 떨어지는 것인 모양이었습니다. 특별히 기능이 좋아야 할 이유도 없었습니다. 여러 곳에 전화해서 겨우 그룹화하는 법을 배웠습니다. 결국, 전화번호를 그룹화하고 익숙하게 전화를 할 수 있게 되는 데 일주일도 더 걸렸습니다. 자판 입력 방법이 달라 이것을 익히는 데 또 많은 시간을 낭비해야 했습니다.

한번은 손자 놈이 집에 오더니 '카카오톡'이라는 응용 프로그램을 깔아 주었습니다. 스마트폰의 편리함을 이용해야 한다는 것이었습니다. 그래서 '카카오톡'으로 무료 문자 보내기를 가르쳐 주었습니다. 미국에 있는 자녀와 손자, 손녀를 '대화 상대 추가'를 통해 9명이나 불러서 일대일 채팅을 시작했습니다. 꽤 흥미로웠지만, 잠자는데 신호음이 와서 대화 내용이 찍혀 그날 밤은 잠을 제대로 잘 수가 없었습니다. 미국과 한국은 시차가 있어 한밤중인데 그들에게서 문자가 오는 것입니다. 어떻게 끌 줄도 몰라 꼬박 밤을 새운 것입니다.

나는 전화만 주고받으면 되는데 이게 무슨 보람 없는 시간 낭비인가 싶었습니다. 이것은 위로부터 난 지혜가 아니요. 세상에 섞여 세상의 지혜를 더 빨리 얻기 위함인 것을 깨달았습니다. 초대 교회 시대에 황제를 숭배하는 사람들에게 사탄의 표를 주어 자기들

끼리 사고팔고 즐기며 살았듯, 이 휴대폰을 내게 주어 세상을 더 즐기게 하는 것이라는 생각을 하게 된 것입니다. 앞으로 더 많은 시간을 들여 더 많은 것을 배워 세상을 즐기게 될 것인데 결국 나는 짐승의 표로 화인(火印)을 맞아 환락의 세상을 떠날 수 없게 되겠다는 생각을 합니다. (2012.02.15.)

13

임종 예배

> 하나님은 영이시다. 그래서 예배하는 사람은 영적인 진실한 예배를 드려야 하는 것이다.
>
> 요 4:24

    교회를 은퇴하신 박 장로에게서 전화가 왔습니다. 담임 목사가 자기 임종 예배를 드려 주었으면 좋겠다는 것이었습니다. 그분은 교인 중에서 나이가 제일 많은 분이었습니다. 아주 건강해서 '구구 팔팔'할 것이라고 했는데, 우연히 종합 검진을 했더니 위암 말기라는 판정이 났습니다. 너무 건강해서 아무도 그분이 아프다는 것을 아는 사람은 없었고, 심지어 본인도 자기가 암이라고는 생각지도 않았습니다. 아무런 통증도 없고 다만 가끔 막연한 소화 불량이나 불편감이 좀 있을 뿐이었는데, 검사 결과가 그렇게 나온 것이었습니다. 그래서 요즘은 서울 딸 집에서 한참씩 요양하느라 교회 출석도 뜸해지더니 이제 자리에 누운 모양이었습니다.

    목사는 놀라서 장로 몇 분을 동행하고 임종 예배를 드리러 갔습니다. 그런데 깜짝 놀란 것은 누워 있어야 할 박 장로가 일어서서 목사님 일행을 영접하는 것이었습니다, 방석을 권해서 그곳에 앉은 목사는 당황했으나 평온을 되찾고 물었습니다.

"병환은 좀 어떻습니까?"

"병원에 갔다 오면 좀 지낼 만합니다. 하지만 느낌이 곧 떠날 것 같습니다."

"그래도 이렇게 정정하신데 임종 예배라니 당혹스럽습니다."

"안 됩니까? 이렇게 정신이 말짱할 때 임종 예배를 드려 두고 싶습니다."

박 장로는 말했습니다. 숨이 끊어진 뒤 임종 예배를 드리면 그때 자기 영은 이미 낙원에 가서 천상의 예배를 드릴 것이기 때문에 지상에서 영과 육을 가지고 마지막 예배를 드리고 싶다는 것이었습니다. 그리고 이 임종 예배를 드린 뒤에는 다시는 죽은 자기를 위해 버스를 타고 교인들을 인솔해 와서 '위로 예배', '입관 예배', '발인 예배', '하관 예배' 같은 것은 드리지 말라는 유언을 했습니다. 이런 예배는 다 '이 세상을 떠나서 하늘나라로 갑니다. 받아 주십시오.'라는 내용인데, 죽은 한 사람을 위해 목사와 많은 교인이 자기 일도 바쁜데 이렇게 죽은 사람을 위해 시간을 낭비하고 있으면 안 된다는 것이었습니다. 그러면서 덧붙였습니다.

"나는 떠나가기 전 목사에게 당부하고 싶은데, 제발 무슨 '축하 예배' 같은 데 불려 가서 설교하지 마십시오. '돌 축하, 팔순 축하', '당선 축하', '개업 축하' '입주 예배' 등에 불려 가서 하나님의 복을 나눠 주는 설교 같은 걸 하지 말라는 말입니다. 교인에게 나눠 줄

복을 하나님께서 미리 받아 호주머니에 넣어 두었다가 여기저기서 나눠 주는 것이 목사가 아니지 않습니까? 예배란 하나님의 사랑을 깨닫고 그의 사랑에 경배와 찬양과 고백과 기도로 응답하는 행위인데, 출장 예배는 참예배를 모독하는 행위입니다."

"너무 심한 말씀 아닙니까?"

"죽는 순간이 되면 눈치 보지 않고 바른말 할 수 있는 용기가 생깁니다."

이렇게 해서 목사는 평생 처음 해 보는 임종 예배를 드리고 박 장로는 세상을 떠났습니다. (2012.02.20.)

14

사랑은 표현할 때까지 사랑이 아니다

> 대답 한 마디 잘해서 사람이 기쁨을 얻는 일은 얼마든지 있다. 제때에 적절한 말을 한다는 것이 얼마나 귀한 일인가!
>
> 잠 15:23

우리 교회는 나이별로 선교회가 있는데, 저는 나이가 제일 많은 '베드로회(78세 이상)'의 선교회장입니다. 능력이 있어서가 아니라 아무도 할 사람이 없어서 그리된 것입니다. 5년 전에는 회원이 아홉 명이었는데, 그동안 두 명이 소천, 한 명은 시설에 입원해서 6명이 남았다가 이번에 또 한 분이 소천해서 5명이 남았습니다. 우리 선교회는 천당 가기 전의 예비 소집 장소 같은 곳입니다. 그래서 천당이 소원인 교인들은 다 빨리 오고 싶은 곳으로 여길 것 같은데, 나이가 차도 올라오지를 않고 있습니다. 그래서 계속 인원이 줄어드는 것입니다. 이번에 가신 분은 교회의 원로장로여서 교회장(敎會葬)을 하게 되었습니다. 이틀 뒤 발인 예배 때 저더러 조사(弔詞)해 달라는 교회의 부탁을 받았는데, 제가 단번에 거절하였습니다. 제가 사는 곳은 교외여서 40분은 운전해야 가는 곳이고, 아침 8시까지 운전해서 교회까지 오기는 너무 힘들다고 생각했기 때문입니다. 그러나 잠자리에 들어서 너무 잘못했다는 생각이 드는 것이었습니다. "늙어 백발이 되어도 주의 힘을 후대에 전하고 주의 능력을 모든 사람에게 전하기까지 나를 버리지 마십시오.'라고 기도하던 내가 사랑하는 동료가 소천했는데 무슨 힘을 아끼고 있는가?'라는 생각을 하게 되었기 때문입니다. 그분은 건강해서 특별한 증후가 보이지 않았는데, 건강 검진 결과 위암 말기라는 선고를 받았습니다. 너무 안타까워 지난가을에는 그분이 가고 싶고 먹고 싶은 것을 찾아 우리 회원이 나들이하러 갈 곳도 정하였습니다. 또 그분의 시간에 맞추어 날짜도 정하였습니다. 그래서 함께 갔다 왔는데, 그것이 마지막 우리와 함께한 나들이가 되었습니다.

신앙이 좋은 분으로 부모는 고향에서 예수를 믿는다고 추방당하여 무주로 6남매를 데리고 옮겨서 땀 흘려 일해 논 6마지기를 샀습니다. 그러나 개척 교회에 다 헌납해 버리고 가난하게 살았습니다. 9살 때 부친을 잃고, 23살 때는 어머니마저 잃고 여기저기를 전전하던 그는 대전에서 인돈 목사가 세운 기전 여중을 졸업하고 결혼해 사는 누나를 따라 세 자녀를 데리고 옮겨 왔습니다. 그의 소원은 자녀들을 목회자로 기르는 것이었습니다. 소원대로 4남 1녀(후에 두 아들을 얻음) 중 세 아들은 목회자로 한 딸은 전도사로 목사 부인이 되었습니다. 새벽 기도를 거르는 일이 없었고, 소천하기 얼마 전까지 교회의 앞자리에서 꾸벅꾸벅 졸면서도 대예배도 거르지 않았습니다. 조사를 못 하게 되어 하루 전 문상하러 갔더니 철

쭉꽃밭에서 환하게 웃고 있는 그의 영정 사진을 보게 되었습니다. '베드로 선교회' 봄나들이하러 갔을 때 아내가 찍어 준 사진을 확대한 것이었습니다. 참 많은 추억을 공유한 고인이었는데, 왜 조사를 거절했는지 너무 죄스러웠습니다. '사랑은 표현할 때까지 사랑이 아니다.' 매일 그를 위해 기도했어도 무슨 유익이 있습니까? 저는 알맞은 말을 제때 하지 못해서 가슴이 아프고 기쁨을 잃었습니다. (2012.03.14.)

15

발가락이 아프다

> 만일 한 지체가 고통을 당하면 모든 지체도 함께 고통을 당하고 한 지체가 영광을 받으면 모든 지체도 함께 기뻐합니다.
>
> 고전 12:26

　지금은 칠순이 다 되어 가는 제 동생은 1960년대 말에 건국대학교 축산과를 나왔습니다. 그 당시 그 학과는 장학금도 많이 주고 해외 유학도 시켜 주어서 축산과는 꽤 이름 있는 학과였습니다. 그런데 그는 입학할 때만 장학금을 받고, 그 뒤로는 큰 혜택을 받지 못하고 대학을 다녔습니다. 그래서 경제적으로 어려웠던 아버지께 많은 실망을 안겨 드렸고, 형들만 못한 놈이라고 많은 상처를 받기도 했습니다. 그래도 언제나 성격이 쾌활해서 너털웃음을 잘 짓고, 자기를 숨기고 사는 애였습니다. 형제가 마주 앉아 바둑을 둘 때는 그는 언제나 웃고 있었기 때문에 겉으로 봐서는 그가 이기고 있는지 지고 있는지 분간하기가 어려웠습니다.
　대학을 졸업한 뒤에는 자기는 양계를 해서 돈을 벌어 부모님 해외여행을 보내 드린다고 집에도 오지 않고, 시골에 집을 얻어서 양계하고 있었습니다. 그런데 어느 날 아침 전화가 왔습니다. 자기가 작두질을 하다가 엄지발가락을 잘라 버렸다는 것입니다. 그 말을 듣는 순간 저는 온몸이 오싹해지고 소름이 끼치며, 제 엄지발가락이 아프기 시작했습니다. 제 발가락을 손으로 문지르며 진정하려는데 눈물이 나기 시작했습니다. 그날 오전 수업을 마치고 조퇴를 해서 어머니와 함께 그를 찾아갔습니다. 그가 세를 내어 산다는 농장의 작은 방은 어질러질 대로 어질러지고, 술병이 나뒹굴며 엉망이었습니다. 그는 그 속에 이불을 펴고 누워 있었는데, 뭐 하러 여기까지 왔느냐며 또 너털웃음을 지었습니다. 발가락이 떨어져 나가서 얼른 제자리에 붙이고 병원에 갔더니 멀쩡해졌다는 것입니다. 그 말을 들으면서도 저는 제 발가락이 찌릿찌릿 아파지는 것을 느꼈습니다. "이제 양계는 그만두고 집에 가자."라고 어머니는 권했지만, 그는 듣지 않았습니다. 우리 가정은 대대로 교육자 가정이어서 교장이신 아버지를 비롯한 우리 형제는 모두 육사, 중학교, 초등학교 교사로 일하고 있을 때였습니다. 저는 사업에는 문외한이어서 어떻게 돈을 벌겠다는 것인지 머리에 떠오르는 그림도 없었고 또 사업자금을 대 줄 능력도 되지 못했습니다. 저희는 시장에 나가 찬거리를 사서 어머니는 밥을 해 주고, 나는 방을 치워 주고 하는 것밖에 아무 일도 하지 못했습니다.

그때 실감한 것은 우리는 몸의 한 지체라는 것이었습니다. 한 지체가 아프니 다른 지체가 이렇게 아프다는 것을 깨달았습니다.

예수님께서는 오천 명을 먹이시는 이적을 행하시기도 했지만 세리 장인 삭개오 한 사람의 구원을 위해 그를 '속히 내려오라'라고 말씀하시며, 그의 집에서 유하시고 그 잃은 자를 찾아 구원하셨습니다. 한 지체, 한 지체가 이렇게 소중한데 고린도 교회는 은사가 넘쳐 오히려 다른 지체를 업신여기고 분쟁하였습니다. (2012.03.21.)

16

아직도 침대가 좁습니다

> 여러분의 염려를 다 하나님께 맡기십시오. 하나님이 여러분을 보살피고 계십니다.
>
> 벧전 5:7

하나님을 믿는다는 것은 성경의 말씀을 그대로 믿는다는 말인데 저는 벧전 5:7절을 믿고 있으면서 그 믿음대로 살지 못하고 있습니다. 그것은 안 믿는다는 말과 같지 않을까요?

요즘 간단한 경험담 하나를 말하려고 합니다. 제가 아내와 침대에 누워 잘 때는 침대가 좁아서 어떨 때는 땅에 굴러떨어진 적도 있었습니다. 그런데 요즘 아내가 병원에 입원하여 혼자 자면서는 침대가 넓어졌습니다. 그런데도 자다 깨어 아내의 베개를 만져 보며 '어디 가고 없구나.' 하고 느끼면서도 침대를 넓게 쓰지 못하고 아직도 침대가 좁습니다. 이것이 오랫동안 침대를 같이 써 온 습관인 것 같습니다.

친구들이 혼자 있으니 식사 문제는 어떻게 해결하느냐고 묻는 사람이 있습니다. 그런데 저는 별로 걱정하지 않습니다. 아내가 병원에서 전화로 뭘 어떻게 먹으라고 지시해 주기 때문입니다. 그렇지 않다면 이번 끼니에는 무슨 반찬으로 어떻게 먹어야 하나 걱정해야 할 텐데, 얼마나 다행인지 모릅니다. 한 번은 자기가 병원 TV의 홈쇼핑에서 '밸런스버거 비프스테이크'를 주문해 놓았으니 택배가 오면 잘 받아 놓으라고 해서 그렇게 했더니, 냉동고 어느 쪽을 비워서 어떻게 넣으라고 옆에서 보고 있는 것처럼 지시해 주었습니다. 여러 낱개로 만들어진 것이었는데 하루는 그중 하나를 꺼내서 충분히 해동시킨 다음 끓는 물에 6, 7분 충분히 익힌 다음 봉지를 잘라 꺼내서 먹으라고 했습니다. 그렇게 했더니 이건 완전히 훌륭한 함박스테이크였습니다. 그래서 혼자 지내도 고기도 먹고, 아무 불편이 없습니다. 다만 침대 정리 하고, 밥하고, 설거지하고, 청소하고, 쓰레기 분리수거해서 버리고 가끔 빨래하는 데 의외의 시간을 보내는 것뿐입니다. 그러나 이런 것으로 아내에게 힘들다는 말은 하지 않습니다. 그러다간 퇴원 후 "그것 보세요. 집안일이 얼마나 많고 힘든지 알았지요?" 하고 의기양양할 것 같기 때문입니다.

여기서 제가 느낀 것은 이 작은 일도 아내에게 맡기고 순종하면 걱정할 것이 없다는 이야기입니다. 아내가 나를 잘못된 길로 인도하지 않을 것이라는 믿음이 나를 그렇게 만든 것입니다.

하나님은 제 일거수일투족을 다 감찰하고 계시며 제 마음속까지 들여다보고 계십니다. 그런데 저는 가끔 육신의 소욕이 성령을 거스르고 제 뜻대로 할 때가 많습니다. 예수님을 믿고 의지하지 않는 것입니다. 그래서 걱정이 끊이지 않습니다. (2012.04.10.)

17
죄와 영원한 생명

> 죄의 댓가는 죽음이지만 하나님께서 거저 주시는 선물은 우리 주 예수 그리스도 안에 있는 영원한 생명입니다.
>
> 롬 6:23

성경 공부반에 있는 한 여 집사가 팔에 깁스하고 삼각건을 목에 매달고 교회에 나왔습니다. 그래서 어찌 된 일이냐고 물었더니 "많은 죄를 지어서 그렇지요, 뭐."라고 했습니다. 무슨 죄를 그리 많이 지었느냐고 물었더니 작은 소리로 말했습니다.

"생일 감사 헌금을 안 했어요."

"그게 무슨 죕니까? 다시 하면 되죠."

"그뿐 아니라 요즘 게을러져서 교회에서 모이는 집회에도 빠지고, 십일조도 도둑질하고, 그보다 더한 것은 주일을 범하고 해외여행을 갔다 왔어요. 그래서 하나님께서 벌주시는 거예요."

"왜 다쳤나 곰곰이 생각해 봤더니 그것이 원인으로 하나님께서 죗값을 치르게 하셨다는 말이요?"

"그러지 않고서야 눈 감고도 다닐 수 있는 집 앞길에서 넘어져 골절되었겠어요?"

"그렇게 죄가 크다면 '죄의 삯은 죽음'이라고 했는데, 죽을 수도 있었겠네요?"

"그래서 엄청 회개하고 있답니다."

"집사님께서는 지금도 죄의 종으로 사는 것 같은데, 주께서 집사님을 죄에서 해방하여 하나님의 종으로 만들어 주신 것을 잊으셨나요?"

여 집사는 한참 생각하고 있다가 말했습니다. 하나님께서는 자기의 행위로 말미암지 않고 믿음을 보시고, 선물로 구원을 주셨는데 왜 자기는 그것을 까맣게 잊어버리는지, 실생활에 부딪히기만 하면 금방 또 죄의식에 붙들려서 괴로워한다고 말했습니다. 그리고 덧붙였습니다.

"세상일은 꼭 인과 관계대로 되는 것은 아니지요? 하나님 성령의 법은 살아 있는 생명 같아서 '이것 아니며 저것이다.' 식으로 해석하면 안 될 것 같긴 해요."

"그러나 인과 관계를 무시할 수는 없습니다. 다만 원인을 잘못 적용하는 경우가 문제지요."

"그런데 저는 언제쯤이면 죄에 대해 죽고 다시는 종의 멍에를 메지 않게 될 때가 올까요? 빨리 죄에서 자유롭게 되었으면 좋겠어요. 그리고 이제는 성령의 열매로 하나님의 기뻐하시는 일을 의무감 없이 기쁨으로 감당하게 될 그런 믿음도 생겼으면 좋겠어요."

구원받았다는 것은 '죄에서 자유롭게 되었다'는 것인데, 왜 구원을 바리새인처럼 뭔가 만들어진 법을 지켜야 하는 것으로 알고 있는지. 안타까웠습니다. (2012.04.18.)

18

고르반

> 그런데 너희는 부모에게 드려야 할 것을 '고르반', 곧 '하나님께 예물로 드렸습니다.' 하고 말하기만 하면 / 그만이라고 하여 부모에게 아무것도 해 줄 필요가 없다고 가르친다.
>
> 막 7:11~12

제 딸이 이번 교회에서 떠나는 일본 단기 선교(제17회 러브소나타)를 가게 되었습니다. 떠나는 주간은 너무 바빠서 골절 회복을 하는 어머니를 문병할 수 없을 것 같다면서, 여행 전 주일 토요일에 찾아오겠다는 전화를 하였습니다. 그것도 밤 8시였는데, 비가 오고 있는 때였습니다. 저는 나이 탓도 있지만, 비가 오거나 밤이 되면 운전을 하지 않습니다. 그래서 다른 사람이 운전한다고 해도 걱정합니다. 그런데 벌써 집을 떠나 반 이상 온 상태라는 것이었습니다. 만류할 수도 없어 기다리고 있는데 너무 조마조마하고 걱정스러웠습니다.

'러브소나타'는 온누리교회의 하용조 목사님이 2007년 평양 대부흥 100주년을 기해 한국에 주어진 부흥 축복을 일본 교회와 나누고 싶다는 취지로 시작된 문화 전도 집회입니다. 한류라는 문화

코드에 맞추어 각종 퍼포먼스와 영상, 찬양과 감동의 메시지로 일본에 큰 돌풍을 일으킨 집회입니다. 늘 2,000여 명 정도가 참석하고 주를 영접하는 사람도 많이 생겨 성령의 역사가 눈에 보이는 귀한 집회입니다. 이번이 하 목사님 서거 후에 두 번째 집회인데, 딸은 훌륭한 하나님의 일에 동참하는 것으로 생각하고 있습니다. 그래서 그 귀한 일에 시간을 바치는 것이 '고르반'이 되어 우리에게 시간을 나누어 줄 것이 없다고 해도 상관없다고 생각하고 있는 저희입니다. 그런데 딸은 고르반 핑계를 대지 않기 위해 우리에게 온 것입니다.

저는 일본 사람들을 별로 좋아하지 않습니다. 독도를 자기네 땅이라고 계속 주장하지를 않나, '동해'를 '일본해'라고 1929년 쓰기 시작해서 1953년 '해양과 바다의 경계' 제3판에는 '일본해'로 기재하여 지금에 이르고 있습니다. 그리고 바로 내 딸이 인본으로 단기 선교를 떠나는 그때가 모나코에서 국제수로기구가 개막하여 '동해' 표기 국제 표준 채택 여부를 결정할 때입니다. 딸은 재미 교포들에게 미국 백악관 인터넷 민원 사이트에 들어가 '동해 표기' 서명을 해 달라고 부탁하고 있으면서 일본 선교를 하러 가려는 중입니다.

딸이 집에 무사히 도착하자 저는 안도의 숨을 쉬며 "하나님의 일도 분에 넘치게 열심을 내서 하면 하나님께서 기뻐하시기는커녕 걱정하실 것 같다."라고 했습니다. 교회가 너무 봉사를 강요한다고 생각했기 때문입니다. 딸은 "제가 죄의 멍에를 다시 지면 슬퍼하시겠지만, 억지로 하지 않고 자원해서 기쁨으로 히브로 하나님도 기뻐하실 거예요."라고 했습니다.

우리가 종의 멍에를 다시 메면 율법의 조문으로 죽는 것이지만 율법을 뛰어넘어 영으로 생명의 길을 새로 찾으면 우리는 죄에서 자유하게 되는 것을 믿습니다. (2012.04.25.)

19

어버이날

> 손수 물레질을 하여 실을 뽑고 베를 짜며
>
> 잠 31:19

우리나라는 1956년부터 5월 8일을 어머니날로 지켰습니다. 그 기원을 잘 모르지만, 어린이를 푸대접해서 어린이날이 생긴 것처럼 어머니를 소홀히 해서 어머니날이 생긴 것이 아닌가 합니다. 미국은 어머니날(5월 둘째 주일), 그리고 아버지날(6월 셋째 주일)이 따로 있고, 우리나라에는 아버지날이 없었는데, 1973년부터 어머니날을 어버이날로 고쳐 아버지날을 그곳에 끼워 넣었습니다. 제 생각이지만 이때부터는 아버지가 어머니보다 훨씬 불쌍해져서 그런 것이 아닌가 하는 생각을 합니다.

5월의 가정 주간에는 아버지들의 수난 주간입니다. 어린이날엔 어린이들에게 선물을 사 줄 뿐 아니라 같이 놀러 나가 주어야 합니다. 어버이날에는 현금이 좋다고 부모님께 드리는 현금 걱정을 하는 것은 아버지입니다. 스승의 날에는 학교에 다니는 애들의 스승에게 무언가를 해 드려야 한다는 부담감에 머리를 써야 하는 것도 아버지입니다. 어버이날도 잘 기억해 두었다가 아내를 기쁘게 해주어야 합니다. 구조 조정을 걱정하며 가장의 체면을 유지하는 일도 아버지의 몫입니다. 그런 아버지의 날이 '어버이날' 속에라도 끼어 있어야 하지 않겠습니까?

제가 성장하던 옛날에는 그런 날들이 있지 않았습니다. 그래서 애들을 사랑하지도 못하고, 부모에게 효 표현도 못 하고, 아내를 기쁘게 하는 일은 더더구나 생각도 못 했습니다. 그래서 어버이날에 카네이션을 받으면 자녀들에게 미안하고 부모에게 효 표현을 못한 것이 아쉬워집니다. 그런데 이상하게도 아버지날이 있어야 한다고 주장하는 제가 왜 아버지 생각은 나지 않고 어머니 생각만 나는 것일까요?

정말 제 어머니는 잠언에 쓰여 있는 대로 아버지에게 현숙한 아내였습니다. 시골 교장의 아내로 텃밭에 목화를 심어 그것을 따서 말리고, 솜을 타서 물레질하여 실을 만들고, 베틀에 앉아 밤늦게 추위를 막기 위해 옷감으로 허리를 두르고 베를 짜서 물을 들여 그것으로 옷을 지어 주셨습니다. 집 안의 재산 목록 1호인 재봉틀로 우리 옷을 지어 주었을 뿐 아니라 마을 사람 애들의 옷을 만들어 그것을 품앗이로 밭일을 할 때 도움을 받기도 했습니다. 집에 돼지도 기르고 닭도 길렀으며, 시장에 다녀올 때는 삼 십리 길을, 갈 때는 걸어가고 올 때는 장감을 들고 버스를 타고 오셨습니다. 어머니날을 일 년에 100번은 챙겨 드려도 오히려 부족한 분이었습니다. 그런데 저는 어머니를 위해 무엇을 했습니까? 한 가지 위로가 되는 것은 그렇게 무심하고 엄한 아버지가 '세상에는 훌륭한 여성들이 많이 있지만 당신은 그 중에서도 가장 위대한 여성이오.(잠 31:29).'라고 어머니를 인정하여 국가에 추천하여 '현모양처상'을 받게 한 일입니다.

어버이날은 부모를 생각하는 귀한 날입니다. (2012.05.09.)

20

잃은 양의 비유

> 너희는 어떻게 생각하느냐? 어떤 사람에게 양 백 마리가 있는데 그 중에 한 마리가 길을 잃으면 아흔아홉 마리를 산에 두고 가서 길 잃은 양을 찾지 않겠느냐?
>
> 마 18:12

저는 위 성경 말씀을 읽을 때마다 "아흔아홉 마리는 어떻게 하고 잃은 양, 하나를 찾아 나섭니까? 그러다가 더 많은 양을 잃으면 어떻게 합니까? 아흔아홉 마리라도 잘 지키면 그들이 새끼를 낳고 백 마리 되는 것은 금방 아닐까요?"라고 말해 주고 싶어집니다. 그런데 왜 이 어리석은 목자는 길 잃은 어린양 하나에만 관심을 쏟았을까요? "하늘에 계신 너희 아버지께서는 이런 어린아이 하나라도 잃는 것을 원치 않으신다. (마 18:14)."라고 마태는 그 이유를 덧붙이고 있습니다.

지상에서 양을 맡은 선한 청지기가 할 일은 하늘에 계신 아버지의 뜻을 알아 그대로 행하는 일입니다. 베드로는 예수님으로부터 천국 열쇠를 받았는데, '그것으로 땅에서 매면 하늘에서도 매일 것이요 땅에서 풀면 하늘에서도 풀리리라(마 16:19)'는 말씀을 들었습니다. 이것은 땅과 앞으로 예수님이 사시게 될, 하늘의 일이 연동되어 있으며 손바닥의 안과 밖과 같다는 뜻입니다. 즉 하늘에 계신 하나님께서 원하시는 일은 지상의 목자가 꼭 해야 한다는 이야기도 됩니다. 그런데 하나님은 한 양을 포기하기를 원하지 않으십니다. 하나님은 에스겔을 통하여 이스라엘 목자들을 규탄하여 말하기를 "사람의 아들아, 너는 이스라엘의 목자들을 책망하며 예언하라. 너는 그들에게 나 주 여호와가 이렇게 말한다고 일러 주어라. 자기만 보살피는 이스라엘의 목자들에게 화가 있을 것이다. 목자들이 양떼를 보살피는 것이 당연하지 않은가? (겔 34:2)" 또 "나는 잃어버린 자를 찾고 방황하는 자를 돌아오게 하며 상처 입은 자를 싸매어 주고 약한 자를 강하게 하며 살지고 강한 자는 멸하여 심판할 것이다. (겔 34:16)"라고도 했는데, 잃은 양을 구하고 싶은 하나님의 뜻이 이렇게 분명하면 목자는 잃은 양, 하나를 어떤 대가를 치르더라도 찾아야 합니다.

    그런데 오늘날 교회에서는 흔히 교회를 비판하고 떠나는 사람이 있으면 몇 번 권고하다가 어쩔 수 없다고 손을 흔들고 떠나보내며 "우리 목사님은 인복이 많으셔. 불평분자는 말썽을 일으키기 전에 미리 알아서 떠나 주거든." 이렇게 잃은 양, 하나를 쉽게 포기하고 뒤에서 자기를 정당화하는 말을 하는 경우가 많습니다. 그런데 하나님은 잃은 양 하나라도 절대 포기하지 않으십니다. 만일 이렇게 상처를 입고 떠나는 사람이 하나님이 찾고자 하는 한 마리 양이라면 우리는 분명히 잘못하는 것입니다. 좀 더 기도하고 성령의 능력으로, 또 온유한 심정으로 권고했어야 할 것입니다.

"충분히 할 만큼 했습니다."가 충분하지 않을 때가 있습니다.

(2012.06.07.)

21

그것이 안 된다

> 이때 예수님은 '열 사람이 다 깨끗하게 되지 않았느냐? 그런데 아홉은 어디 있느냐?'
>
> 눅 17:17

열차 안에서 책을 읽고 있는데 옆자리에 앉은 부인이 말을 걸어왔습니다.

"안경을 안 쓰고도 글씨가 보이나요?"

"예, 저는 근시여서 안경을 안 써야 글을 읽을 수가 있습니다."

"좋겠습니다. 저는 안경을 써도, 안 써도 글씨를 읽을 수가 없습니다."

얼마 있다가 다시 말을 걸어왔습니다.

"목사님이세요?"

저는 문상하기 위해 더운 여름인데도 검정 옷을 차려입고 넥타이를 매고 있었기 때문에 그렇게 보인 모양이었습니다.

"아닙니다. 지금은 교회에 다니다가 오래전에 은퇴한 상태입니다."

얼마 만에 이제는 제가 말을 걸었습니다.

"교회에 다니십니까?"

"성당에 나가는데 믿음이 없습니다."

"믿음이 없다는 말은 무슨 뜻입니까?"

"어려움이 있고 힘들 때는 성당에 나가 매달려 기도도 하고 성경을 몇 번씩 읽으며 외우기도 했는데, 지금은 어려움도 해결되고 돈도 생기니 시들해졌습니다."

"어떤 어려움이 있었는데요?"

"암이었는데요. 6개월 시한부 선고도 받았습니다. 그런데 지금은 건강해져서 10년이 넘었는데 아무렇지도 않습니다."

"너무 큰 기적을 체험하셨군요. 그럼 더욱 천주님께 헌신해야 하는 것이 아닙니까?"

"그런데 저는 그것이 안 돼요."

"아니, 감사가 안 된다는 말입니까?"

"마음으로는 감사하지요. 그러나 저는 표현을 못 해요."

"진정 감사하고 있으면 말로는 표현을 못 해도 행동으로 드러나는 것이 아닐까요? 예를 들면 구제를 한다든지, 선교를 돕는다든지, 간증으로 용기를 잃은 사람들을 권고한다든지…"

"저는 말을 못 하거든요. 그런데 성당에 나가면 자꾸 암을 정복한 간증을 하라는 권고를 해서 그것이 부담되어 지금은 성당에도 안 나간답니다."

"말은 않더라도 성당은 나가야지요. 예수님을 사랑하고 베푸신 은혜에 감사한 마음으로 미사에 참여하면 말 없는 신체가 다른 신체에게 언어를 전달한답니다."

"말을 잘하시네요. 저는 그것이 안 돼요."

이렇게 말하는 저도 최근까지 아내에게 사랑한다는 말을 하지 못했습니다. 그러나 요즘은 여생이 얼마나 남았으랴 싶어 닭살 돋는 것을 알면서도 뻔뻔하게 사랑한다는 말을 자주 합니다. 나음을 받은 나병환자 열 사람 중 아홉 사람은 감사하지 않았습니다. 기적을 체험하고도 감사하지 않은 사람이 90%입니다.

좀 나은 이야기지만 저도 안 되는 것이 있습니다. 아내가 이제 건강을 조심할 때가 되었으니 구역 예배 인도나, 성경 공부 인도는 젊은이들에게 맡기고 또 40여 분 운전해서 가는 먼 교회는 그만 나가고 가까운 교회로 옮겨 보자는 제안을 할 때가 있는데 저는 그것이 안 됩니다. (2012.08.15.)

22

나는 영원한 손님인가

> 그러나 이제는 하나님이 그리스도의 육체적인 죽음을 통해 여러분과 화해 하셨습니다. 이것은 여러분을 거룩하고 흠이 없고 책망할 것이 없는 사람 으로 자기 앞에 세우기 위한 것입니다.
>
> 골 1:22

우리 교회에는 40분 이상 운전해야 출석할 수 있는 먼 거리에 사시는 장로 한 분이 계십니다. 그런데 그는 9시에 시작하는 1부 예배 교인들을 환영하기 위해 주일이면 7시 반에는 집을 떠나야 했습니다. 먼저 교회 입구에 서서 교인을 영접하고, 자기도 예배에 참석한 뒤 바로 2부 예배 교인을 서서 영접하고, 예배가 시작되면 기도실에 들어가 설교가 끝나기까지 목사님에게 성령의 두루마기를 입히시어 설교를 잘하고 선한 목자가 되게 해 달라고 하나님께 기도를 한답니다. 다시 예배가 끝날 시간에 나와 점심 식사 하러 가는 교인과 일일이 악수하고, 식사 후에는 성경 공부를 인도하고 또 바로 시작되는 오후 예배에 참석하고, 집에 가면 4시 반이 된다고 합니다. 그런데 당회가 있거나 또 다른 모임이 있으면 밤늦게 도착한답니다. 주일은 안식하는 날이 아니라 녹초가 되는 날입니다.

힘들지 않으냐고 물었더니 당연히 할 일을 하는 것뿐이라고 말하면서 그래도 젊었을 때와는 달라서 허리가 아프고 다리가 붓는다고 말했습니다.

장로는 넥타이에 정장하고 권사들은 한복을 차려입고 예배에 참석하는 교인들을 영접하면 그것이 좋아 보이기는 하겠지만, 예배를 드리러 오는 사람은 꼭 남의 집 잔치에 오는 것처럼 느껴지며 마치 안내자는 주인이고 자기들은 영원한 손님이라는 생각이 들 때도 있다고 말하는 사람이 있습니다. 그래서 안내는 가끔 출석하는 교인들에게 자기 교회라는 의식을 빼앗고 있다는 생각은 하지 않느냐고 말했더니, 만일 안내를 하지 않으면 '그 교회는 냉랭한 교회'라고 소문이 나서 다시는 발걸음도 하지 않을 것이라고 말했습니다. 그럼 정장은 그만두고 편한 옷차림으로 손님을 맞으면 좀 덜 힘들지 않겠는가? 성전을 지키는 바리새인처럼 너무 엄한 모습을 하고 서 있으면 세리 같은 죄인이 교회를 찾기가 어렵지 않겠느냐고 말했더니 "일주일에 한 번 하나님 앞에 나오는 것인데 반드시 정장은 해야 합니다. 요즘처럼 교회가 세속화되어 세상과 교회가 구별이 안 된 때에는 더욱 그렇습니다."라고 강경히 말했습니다.

그리스도를 입으로 시인하고 마음으로 믿어 구원받았으면 천국은 보장받은 것인데, 그것으로 만족하지 왜 꼭 행위로 상까지 받겠다고 기를 쓰느냐고 말했더니 "저는 영광의 면류관 받으려고 아침에 이렇게 서 있는 것이 아닙니다. 새롭게 나오는 사람 중에 이단이 섞여 우리 교인을 낚아 갈까 걱정이 되어 수문장 노릇을 하는 것입니다."라고 또 말해 내가 부끄러워졌습니다.

  그 장로님은 아침 일찍부터 나와 구원받은 우리가 거룩하고 흠이 없고 책망할 것이 없는 사람으로 마지막 날 하나님 앞에 서는 것을 바라며 애쓰고 있다는 것을 생각하며, 제가 너무 세속적이어서 부끄러워졌습니다. (2012.08.29.)

23

여성의 헤픈 옷차림

> 또 율법에는 '간음하지 말아라.'고 쓰여 있다. / 그러나 나는 너희에게 말한다. 누구든지 정욕의 눈으로 여자를 바라보는 사람은 이미 마음으로 그녀와 간음하였다.
>
> 마 5:27~28

저는 요즘 가끔 성경에서 나오는 곡과 마곡의 전쟁을 보고 있는 것 같은 느낌이 들 때가 있습니다. 세상 끝 날에 천사가 끝없이 깊은 구렁(無底坑)에 사탄을 넣어 잠갔는데, 천년 후 잠깐 놓인 사이에 사탄이 나와 곡과 마곡을 미혹하여 여호와께 대적하였는데, 그때 음란이라는 무기로 전쟁을 하는 것 같은 느낌이 듭니다. 무기 가운데 '음란의 유혹'이라는 무기는 인간이 극복할 수 없는 치명적 무기입니다. 율법을 철저히 지키던 구약시대에도 유대인들은 돌로 맞아 죽을 것을 각오하고 간음을 하였습니다. 지금 이 세대에도 성폭행의 가해자는 합당한 벌을 받고, 출옥하면 발에 발찌를 차고, 그 신상이 공개되고, 어떨 때는 화학적 거세의 약물 투여를 받게 되는데, 그래도 성폭행을 멈추지 않습니다. 여성들의 노출이 너무 대담해져서 참을 수가 없는 것일까요?

지난해 1월 캐나다 토론토에 있는 크기로 세 번째라는 요크 대학교에서 생귀나티(Michael Sanguinatti) 경찰관이 안전 교육 강연 중 강간으로부터 안전하기 위해서는 "여성들은 헤픈(단정치 않은, 창녀 같은, Slut) 옷차림을 피해야 한다."라는 말을 했는데, 이것이 여성들의 자존심을 건드렸습니다. 드디어 그해 4월 3일, 3,000명의 여성들이 퀸스파크에 모여 아무렇게나 또 도전적인 야한 옷을 입고 토론토 경찰서로 행진하였습니다. "어떠냐. 이 모습을 보니 성적 욕구가 발동되냐?" 이런 뜻의 도발이었습니다. 이것이 세계적으로 슬럿워크의 시초가 되고, 이는 전 세계로 파급되어 한국에서도 지난해 7월 16일 광화문 사거리에서 슬럿워크(한국말로 잡년행진)가 있었습니다. "여성들은 자유롭게 옷을 입을 기본권이 있다. 성범죄의 책임을 피해자에게 물어서는 안 된다. 나에게 무엇을 입을 것인지 말하지 말고 그들에게 강간하지 말라고 말하라." 이런 시위입니다.

여성의 노출이 성범죄를 촉발하는 것은 아닙니다. 지금까지 성범죄의 피해자는 주로 유소년이거나 연약한 지체 부자유자가 많았습니다. 그들이 과도 노출을 했나요? 나주의 초등학교 일학년(7) 성폭행 사건처럼 문제는 가해자가 음란물을 보면서 음욕을 품고 대상을 물색하고 있었다는 데 있습니다. 여성의 헤픈 옷차림이 문제가 아니고, 성경 말씀처럼 '정욕의 눈으로 여자를 바라보는 사람(마 5:28)' 자체가 문제입니다. 음욕을 품지 않도록 가해자를 가르쳐야 하고, 그들 자신이 변화되어야 합니다. 먼저 가정에서 자녀 단속을 해야 합니다. 어머니가 컴퓨터나 바쁜 일 중독으로 자녀들을 방치

하지 말고 사랑으로 껴안아야 합니다. 그들이 어디에 나가서 무슨 일을 하며 어떤 생각을 하는지 대화를 해야 합니다. 누구도 가족의 일원처럼 가깝게 지내며 교훈할 사람이 없기 때문입니다. 지금은 모두가 잘사는 사회를 어떻게 만드느냐도 중요하지만, 성범죄로부터 자유로운 사회를 만드는 것도 중요합니다. (2012.09.06.)

24

좋은 소식과 행복

> 내가 주의 법을 한없이 사랑하여 그것을 하루 종일 묵상합니다.
>
> 시 119:97

    60여 년 전 우리나라의 아침 인사는 "진지 드셨습니까?"라는 것이었습니다. 그때는 너무 가난해서 끼니만 거르지 않아도 행복했던 시절이었습니다. 지금도 배부르게 먹을 수 있으면 행복할까요? GNP가 $4,000이 넘으면 더는 돈과 가난이 행복을 좌우한다고 생각하지 않게 된다고 합니다. 우리나라의 GNP는 현재 $20,000이 넘었으며, OECD 34개 국가에서 12위지만 OECD가 발표한 우리나라의 행복 지수는 34개 국가 중에서 32위, 자살률은 하루 평균 46명으로 1위입니다. 이것을 보면 행복하다고 느끼는 사람이 거의 없다는 뜻입니다. 행복 주치의라고 불리는 세로토닌 문화원 명예 이사장인 이시형 박사는 과학으로 행복을 풀었는데, 그것은 인체 내에서 세로토닌 성분이 분비될 때 행복을 느낀다는 것입니다. 언제 그런 세로토닌이 분비되는가? 그는 '정상(頂上) 심리'와 '등산 심리'를 예로 들었습니다. 사람은 등산하는 동안에는 목적을 달성하기 위해 앞뒤를 가리지 않고 오르기 때문에 결코 행복을 느낄 수 없으며, 정상에 올랐을 때 드디어 큰 숨을 쉬고 밑을 내려다보면서 세로토닌 분비로 행복을 느낀다는 것입니다. 지금도 우리의 삶은 등산만 하는 것이 아닐까요? 우리는 가족 한 사람, 한 사람이 각자 너무 바빠서 한자리에 앉아 식사할 시간도 없습니다. 주일에 교회 나갈 때가 '등산 심리'가 아닐 때인데, 그때도 부모는 교회 일에 쫓겨 하루 내내 바쁘고 아들은 청년 집회에 나가 함께 있을 시간이 없습니다. 이런 삶에는 행복이 없습니다. 혜민 스님이 쓴 『멈추면 비로소 보이는 것들』이라는 책이 있는데 그 표지에 "… 순간순간 행복하세요. 그 순간들이 모여 당신의 인생이 됩니다."라는 글이 쓰여 있습니다. 'GNP $20,000, 30,000, 40,000…'을 향해 계속 멈추지 않고 전진하는 사람은 바쁘게 일은 하는데 행복이 없습니다.

저는 정년퇴임을 해서 산을 오르는 기분으로 살지는 않습니다. 그러나 그렇다고 '정상 심리'는 아닙니다. 제가 행복할 때는 떨어져 사는 자녀가 하룻밤 부모 집에 와서 자고 가겠다고 연락한 때입니다. 그를 위해 시장에 가고, 아내는 음식을 준비하고, 그를 기다리다가 문을 열고 들어오는 아들을 맞을 때 세라토닌이 분비됩니다. 좋은 소식은 행복을 가져옵니다. 이시형 박사는 '오래 씹자', '많이 걷자' 등 행복 물질 세로토닌을 만드는 방법 7가지를 들었는데, 저는 거기에 '좋은 소식'도 첨가하고 싶습니다. 좋은 소식은 제 뜻대로 들을 수 있는 것이 아닙니다. 그러나 좋은 소식은 성경 가운데 많이 있습니다. 성경의 다른 이름이 '좋은 소식(복음)'이기 때문입니다. 성경을 읽다가 관련 성구를 찾아 살펴보고 주석을 읽어 이해를 넓히고 다시 '그것이 그러한가?' 곱씹다가 잠든 후 아침에 산뜻한 공기 속을 산책하며 그 말씀을 다시 떠올리면 세라토닌이 분비됩니다. (2011.09.21.)

25

강제로 진 십자가

> 마침 알렉산더와 루포의 아버지 구레네 사람 시몬이 시골에서 올라오는 길에 그 곳을 지나가고 있었다. 군인들은 그를 보고 강제로 붙잡아 예수님의 십자가를 지고 가게 하였다.
>
> 막 15:21

한 사람을 강제로 예수를 믿게 할 수가 있을까요? 저는 예수를 믿는다는 것은 구원을 하나님의 은혜로 값없이 얻는 일이며, 나를 위하여 십자가에 돌아가시고 다시 사신 하나님의 아들 예수 그리스도를 나의 구주로 입으로 시인하고 마음으로 믿어 새롭게 거듭난 삶을 살게 되는 것을 말한다고 생각하는데, 이것은 억지로 또는 강제로 되는 일은 아니라고 생각합니다. 그래서 저는 기독교 학교에서 학생들을 강제로 채플에 참석하게 해서 예배를 강요한다든가, 성경 과목을 필수로 정해서 졸업 전까지 일정한 학점을 이수해야 졸업하게 한다든가 하는 것을 반대해 온 사람입니다. 또 불신자를 교회로 강제로 출석시켜서 앉아 있게 하는 것이나, 세례를 받게 하고 구원의 조건으로 십일조를 추가해서 강요한다든가, 감사절에 감사를 어떤 물질로 바치도록 강요한다든가, 새벽 제단을 쌓는 사람이 온전한 교인이라고 부추기는 일들을 반대해 온 사람입니다. 그것은 구원받기 위한 조건이 아니고, 구원받은 사람에게 나타난 변화된 삶의 모습이기 때문입니다.

그러나 이번에 마가복음 15장에 있는 구레네 사람 시몬의 이야기를 읽으면서 저는 많은 생각을 하게 되었습니다. 그는 구레네(아프리카, 지금 리비아의 수도 트리폴리 지방)에 사는 사람으로 세계 각처에 흩어진(디아스포라) 유대인이었던 것 같습니다. 이집트보다 더 먼 곳에 사는 시몬은 유월절을 지키려고 예루살렘까지 순례를 왔다가, 예수님이 십자가를 지고 골고다로 처형을 받으러 가는 것을 구경하게 되고, 로마 군인에게 찍히어 예수님이 지고 가는 십자가를 대신하여 억지로 지고 가게 되었습니다. 그래서 그는 어쩔 수 없이 예수님이 십자가에 처형되는 모든 것을 보게 되었습니다. 12시부터 3시까지 어둠이 계속된 것과 큰소리를 지르고 운명하시는 모습과 이를 보고 백부장이 "이 사람이 진실로 하나님의 아들"이었다고 말하는 것을 들었습니다.

시몬은 억지로 십자가를 졌지만, 주님의 구원 사역에 동참하는 영광을 얻게 되었고, 제자들이 다 도망가는 동안에 홀로 주님의 최후를 목격하면서 유대인이 그리스도인으로 변화되는 놀라운 체험을 했다고 생각합니다. 바울이 '주 안에서 선택된 루포(구레네인 시몬의 아들)와 그의 어머니에게 문안해 주십시오. 그분은 바로 내 어머니이기도 합니다. (롬 16:13)'라고 쓰고 있는 것을 보면 시몬의 사후에도 그의 아내와 아들이 얼마나 축복받은 그리스도인이 되어 있었는가 하는 것을 보고 놀랍습니다.

  강제로 하는 일도 그 자신이 그러는 동안 주님을 만나게 되면 놀라운 변화의 역사가 일어나게 되는 것을 새삼 깨닫습니다.
(2012.09.28.)

26

역사는 기록의 보관이다

> '제사장 힐기야가 나에게 이 책을 주었습니다.' 하며 그것을 왕 앞에서 큰 소리로 읽었다.
>
> 왕하 22:10

　요시야 왕의 할아버지 므낫세(55년 다스림)와 그의 아버지 아몬(2년 다스림)은 하나님을 거역한 몹시 나쁜 왕이었습니다. 그의 증조할아버지 히스기야가 헐어 버린 산당을 다시 세우며 바알을 위하여 제단을 쌓고, 아세라 목상을 만들며 여호와의 성전 두 마당에 하늘의 일월성신을 위하여 제단을 쌓았습니다. 또 인신제사(人身祭祀)를 하고, 신 내린 사람과 무당들을 불러들여 하나님의 진노를 샀습니다. 그의 아들 아몬은 왕이 된 뒤 부친과 똑같은 패역(悖逆)한 삶을 살다가 자기를 반역한 백성에 의해 살해되고, 그 뒤를 이은 왕이 당시 여덟 살이었던 요시야 왕입니다. 그러나 요시야 왕은 16세에 그의 조상 다윗의 하나님을 비로소 찾고, 20세 때는 유다와 예루살렘을 비로소 정결케 하여 그의 산당들과 아세라 목상들과 아로새긴 우상들과 부어 만든 우상들을 제거하여 종교 개혁을

단행했습니다. (대하 34:3) 26세 때는 성전 정결을 마치고 여호와의 전을 수리하려 하여, 서기관 사반을 성전에 보내어 대제사장 힐기야에게 백성들이 수납한 헌금을 함에서 꺼내어 성전을 수리하도록 명하였습니다. 그때 헌금함에서 힐기야가 율법 책을 발견했습니다. 전대의 두 왕이 다 태우고 없애 버렸다고 생각한 율법 책이 여기서 발견된 것입니다. 그래서 사반이 이를 가져와 요시야 왕 앞에서 큰 소리로 읽었는데, 이를 듣자 왕이 옷을 찢고 회개했으며, 모든 백성에게 명하여 회개하고, 여호와 앞으로 돌아오라고 하였습니다. 말씀을 못 듣고 한 세대 이상을 하나님 뜻을 거역하고 산 것을 드디어 알게 된 것입니다. 얼마나 귀한 자료입니까?

저는 하잘것없는 자료지만 2004년 초부터 2006년 초반까지의 우리 교회 사진 자료를 구하지 못해 힘들었습니다. 교회 60년사를 편찬하는데, 그 기간의 사진 자료가 구멍이 난 것입니다. 교인들이 생존해 있는데 사진은 안 가지고 있었습니다. 그때 교회 행사 사진을 찍었던 분들에게 물었는데, 자기는 영상 팀을 그만둘 때 교회 컴퓨터의 하드디스크에 5기가가 넘는 용량의 사진을 저장하고 떠났다는데, 그 당시의 컴퓨터는 사라져 버리고 없답니다. 또 어떤 분은 사진을 수십 장의 CD에 저장해 넘겨 주었다는데 그것도 인계받은 사람과 보관한 장소를 찾을 길이 없답니다. 우리는 자료 보관에 무관심한 사람들입니다. 여행해도, 행사해도, 귀한 서신을 받아도 기록을 남기지 않습니다. 자기의 삶이 자기 구원의 역사라는데 말씀을 묵상한 기록도 없습니다. '하나님이 아시면 되었지 무슨 기록?' 그러면서 무관심합니다. 그렇게 해서 가정이고 교회고 또 어떤 기관도 이사하거나 사람이 바뀌면 모든 것을 버리고 새로 시작합니다. 한마디로 과거도 없고, 미래도 없고, 현재만 있는, 또 나만을 위한 인생을 삽니다. (2012.10.12.)

27

죽음 맞이하기

> 우리의 일생이 얼마나 짧은지 헤아릴 수 있게 하셔서 우리가 지혜로운 마음을 얻게 하소서.
>
> 시 90:12

저는 최근에 친구로부터 '죽음에 대한 준비'라는 장문의 글을 받았습니다. 내용인즉 자기 둘째 딸이 교회에서 유치원 교사로 있는데, 늘 손자를 데리고 유치원에 오셨던 한 교회 권사님이 건강해 보였는데 어느 날 새벽 기도 후 갑자기 돌아가셨고, 이에 충격을 받은 그분 남편이 또 쓰러져 혼수상태로 있다가 일 년 만에 세상을 뜬 것을 보고 이 딸은 놀라서 자기들(부모)을 딸 집 가까운 데에 집을 구해 모시고 함께 살게 되었다는 이야기로 시작했습니다. 이렇게 해서 딸의 권유로 집을 옮긴 제 친구는 근처 청계산 등산을 즐겼는데, 하루는 아침 식전에 청계산 매봉을 오르려고 나갔다가 갑자기 졸도했는데, 정신이 들어 보니 코뼈가 부러져 피가 나고 오른쪽 이마와 무릎도 상처가 났다고 합니다.

체육 교사로 은퇴한 분이 어떻게 해서 그렇게 되었는지 알 수 없지만, 병원에서 약한 부정맥 현상밖에는 별일이 없다는 진단 결과를 얻고 안심한 모양입니다. 그런데 그는 그 순간 '인간은 이렇게 해서 죽는구나.'라는 생각을 하게 되었다는 것입니다. 그때까지 그는 효녀의 권유로 옮겨 살기는 했지만, 자기가 죽을 것이라는 생각은 꿈에도 하지 않았다고 합니다. 그러면서 그 뒤에 이어지는 사후를 대비하는 그들의 삶을 읽어 보면서 저는 어떻게 살고 있는지를 돌아보게 되었습니다.

장지를 마련하고, 수의를 준비해 두고, 옛 어른처럼 장지에 가서 자기가 누울 곳을 살펴보기도 하고, 수의를 만지며 죽음의 두려움을 이기는 법도 사후 준비가 되겠지요. 그러나 믿는 우리는 주께서 부르실 때 하나님 앞에 서게 될 자신을 준비하는 것이 사후 준비라는 생각을 하게 됩니다. '무엇을 어떻게 하다가 죽는 것이 천국을 위해 준비된 삶일까?' 저는 거창한 생각을 거두고 제가 할 수 있는 단순한 일부터 하기로 했습니다. 먼저, 아내가 외로운 자기 친구들과 함께 단풍 구경을 나가고 싶다고 하면 그녀들을 위해 짜증을 내지 않고 내 일을 제쳐 놓고 운전으로 봉사하기로 하였습니다. 주께서 짝지어 준 아내와 함께 산다는 것도 한순간입니다. 성경 말씀을 통해 주의 영광과 위엄을 실감한 대로 메모해 두는 것도, 저희 가정을 통해 자녀들 하나하나에 행하신 주의 놀라운 일들을 묵상하고 주께 영광을 돌리고 감사하는 것도 죽음을 준비하는 일임을 깨달았습니다. 제게 주신 은사로 간증집을 남기는 것도 죽음의 준비입니다. 아침 가정 예배도 그렇습니다. 언제 하나님의 부르심을 받을지도 모르는데 가정 예배 때 흩어진 자녀들의 장래를 위해 기도하고, 그들을 사랑하고 축복하며, 가정과 교회와 나라를 위해 제가 구할 수 있는 대로 기도하는 것도 죽음 직전의 준비라는 생각을 하게 되었습니다. 저희의 은밀한 죄가 주의 빛 가운데 드러날 때 회개하며 기도하는 이런 삶이 죽음의 준비가 아닐까요? (2012.10.25.)

28

나와 같이 되기를

> 형제 여러분, 내가 여러분과 같이 되었으니 여러분도 나와 같이 되기를 바랍니다. 여러분은 나에게 해를 끼치지 않았습니다.
>
> 갈 4:12

바울이 갈라디아 지방을 방문했을 때 루스드라에서 나면서 걷지 못하는 사람을 일으키자, 그를 신처럼 받들고 소와 화환을 가지고 와 그에게 제사까지 하려 했습니다. 또 그를 너무 사모해서 하나님의 천사와 같이 또는 그리스도 예수와 같이 영접하고, 바울의 연약함을 알고 눈이라도 빼 주려고 할 정도였습니다. 그러나 그가 떠난 뒤 그들은 거짓 교사의 꼬임에 빠져 다시 율법의 종노릇을 하려 하고 있었습니다. 바울은 그리스도께서 우리를 위해 돌아가신 뒤 부활하여 믿는 자를 아들 삼아 주시고, 성령을 주시며 율법의 굴레에서 풀어 값없이 자유를 주셨는데, 갈라디아인들이 이를 쉽게 버리고 돌아선 것이 너무 안타까워 '자기처럼 돼라'라고 권고한 것입니다. 그는 진정 그들이 '자기처럼 되어' 하나님의 유업을 받고 감격과 기쁨을 느끼고 살기를 간절히 원했다고 생각합니다. 그가 유대인의 부당한 상소를 피해 황제에게 상소하여 가이사랴에 붙들려 있을 때, 아그립바 왕이 그곳에 와서 바울의 증언을 듣다가 "이대로 나가다가는 네가 나를 그리스도인으로 만들겠다."라고 말하며 말을 중단시킨 일이 있습니다. 그때도 바울은 그곳에서 자기 이야기를 듣고 있는 모두가 자기가 결박된 것을 빼고는 '자기와 같이 되기'를 원한다고(행 26:29) 말했습니다. '자기와 같이 돼라'라고 말하는 것이 진정한 전도입니다. 우리는 불신자를 주 앞에 인도하면서 '나처럼 돼라'라고 말할 수 있을까요?

한 부인이 매사추세츠주에서 마음에 깊은 상처를 입고 뉴저지로 가는 버스를 탔는데, 너무 슬퍼서 계속 울고 있었습니다. 그래서 차가 중간에 멈추어 서서 사람이 내리는 것도 모르고 있었습니다. 그런데 뒤에 앉았던 신사가 곁을 지나가며 "부인, 부인께서 지금은 이 책이 저보다는 더 필요한 것 같습니다."라고 말하며 책을 주고 내렸습니다. 그 책은 손때 묻은 성경책으로 가끔 중요한 구절에 밑줄이 쳐져 있는 것이었습니다. 여인은 그 책을 받고 읽으면서 감동을 받아 크리스천이 되었습니다.

말씀으로 늘 마음의 평안을 느끼고 있던 신사가 울고 있는 여인이 '자기와 같이' 되기를 간절히 바라는 마음으로 자기에게도 귀중했던 성경책을 준 것입니다. '나와 같이' 되기를 원하려면 먼저 '내가 그와 같이' 되어 상대방의 입장을 이해하는 일입니다. 신사는 상대방의 아픔을 자기 것으로 이해했습니다.

'교회 가면 지옥에 가지 않고 천당에 간다. 병자가 낫고 사업이 잘되며 만사형통한다. 좋은 말만 듣고 어린이 교육에 유익하다.' 이런 방법의 전도보다 먼저 자기가 바울처럼 하나님의 말씀으로 뭉쳐진 사람이 되어 그리스도인으로 삶의 본이 되며, '나와 같이 되기를 원한다.'라고 말할 수 있으면 좋겠습니다. 이 말을 하기 전 선행 조건은 우리가 그 사람의 입장이 되어 '내가 그와 같이 되는 것'입니다. (2012.11.06.)

29

하나님의 손

> 내가 손으로 땅의 기초를 놓고 하늘을 펼쳤으니 내가 부르면 천지가 일제히 일어선다
>
> 사 48:13

손은 참으로 많은 일을 합니다. 마음에 생각이 있어도 손이 없으면 표현하지를 못합니다. 말을 안 듣는 어린아이를 바로잡기 위해 때리는 것도 손이요, 그를 어루만져 치유하는 것도 손입니다. 무엇을 만드는 것도 손이요 만든 것을 돌보며 보존하는 것도 손입니다. 하나님도 태초에 만물을 창조하실 때 손으로 창조하셨습니다. (사 48:13) 주의 손으로 피조물의 소원을 만족게 하십니다. (시 145:16) 우리가 잘못할 때 하나님의 손이 우리를 치십니다. (시 39:10) 그러나 하나님은 그의 손으로 우리를 붙드십니다. (시 37:24) 여호와 라파의 하나님이십니다. 하나님은 요새요 반석이십니다. 그의 손에서 구원받은 자는 빼앗기지 않으십니다. 그는 또한 손을 펴서 패역한 백성을 부르십니다. (사 65:2) 하나님은 인간을 만드신 뒤 아담과 하와가 주의 말씀을 거역하고 불순종하여 지상으로 쫓겨났다 할지라도 그들을 버려 두시지 않고 끝까지 돌보시기 위해 그의 강력한 손

으로 세상을 향해 일하는 것을 그치지 않으십니다.

그런데 정말 하나님께서는 우리처럼 손을 가지고 계시는 것일까요? 하나님의 형상을 따라 우리를 지으셨기 때문에 하나님은 우리 인간처럼 손과 발과 눈과 귀를 가지고 계시는 것일까요? 하나님은 영이십니다. 그래서 우리 같은 손이 있어서 그 손으로 우주를 만들고 부수고 하지를 않으셨을 것입니다. 하나님은 세상을 창조하셨을 때 손으로 빛을 창조하지 않으시고 '빛이 있으라. (창 1:3)' 하시니 빛이 생겼습니다. '천하의 물이 한곳으로 모이고 뭍이 드러나라. (창 1:9)' 하시니 뭍이 생겼습니다. 그러면 성경에서 언급된 하나님의 손은 무엇일까요?

하나님은 세상을 창조하시고 세상 만물이 자연법칙에 따라 운행되도록 놓아 두셨습니다. 그것이 인과관계를 따라 과학이 설명할 수 있는 영역입니다. 그러나 하나님은 이 자연법칙에 구애받지 않으십니다. 이 세상은 기계적인 법칙에 따라 인간의 지식으로 합리적으로 설명될 수 있는 곳이 아니며, 하나님이 원하시면 언제든지 자연법칙이 아니고, 생명의 법칙으로 바꾸실 수 있는 곳입니다. 그래서 하나님이 이 세상에 개입하실 때마다 인간의 손을 통해 또는 인간이 경외하는 마음으로 상상하는 강력한 하나님의 손을 통해 새로운 생명 역사가 일어나고 있는 것이 아닌가 생각합니다.

우리가 자연법칙으로 설명할 수 없는 일이 일어날 때마다 영의 세계에서 일어나고 있는 하나님의 새 생명의 역사를 생각하며 우리 손과 같은 하나님의 강력한 손길을 의식합니다. (2012.12.10.)

30

사랑으로 역사하는 믿음

> 그리스도 예수님 안에서는 할례를 받고 안 받는 것이 문제가 아니라 사랑으로 표현되는 믿음만이 중요합니다.
>
> 갈 5:6

바울은 갈라디아인이 할례를 받아들인 것을 강하게 꾸중합니다. 할례는 율법을 순종하여 선행으로 구원을 받는다는 종교의 표징이기 때문입니다. 그는 할례를 받으면 그리스도께서는 여러분에게 아무 소용이 없다고 말합니다. (갈 5:2) 그런 갈라디아인은 그리스도와 관계를 끊고 하나님의 은혜에서 떨어진 사람(갈 5:4)이라고 경고합니다. 그러나 예수를 믿고 그리스도 예수 안에 있으면 할례나 무할례는 문제가 되지 않고, 오직 사랑으로 역사하는 믿음이 중요하다고 말합니다. 어떻게 하면 종교 의식을 통해서가 아니고, 사랑을 통해서 우리의 신앙을 구체적으로 표현할 수 있을까요?

미국의 필라델피아에서 태어난 갤러데트(Thomas H. Galledet)는 예일대학교에서 학사, 석사 학위를 마친 뒤 매사추세츠주의 앤도버뉴턴신학교(ANTS)의 2년 과정을 마치고 1814년에 목사가 되었습니다. 그러나 그는 설교하는 대신에 이웃에 사는 9살 난 앨리스라는 벙어리 여아에게 측은함을 느끼게 되었습니다. 그리스도의 사랑이 갤러데트를 통해 그 소녀에게 나타난 것입니다. 그는 바로 목사직을 거부하고 유럽에 건너가 농아 교육에 대한 지식과 방법을 획득한 후 그곳의 교사 클라크(Laurent Clerc)와 미국으로 돌아와 코네티컷주의 수도인 한포드(Hanford)에서 농아학교를 위한 기금을 마련하여 1817년 미국 최초로 농아학교를 설립하였습니다. 그리고 그곳의 초대 교장이 되었는데, 그때 처음 일곱 명의 학생 중 한 사람이 앨리스였다고 합니다.

'신학교의 신학과와 목연과 과정을 졸업한 사람은 반드시 목사가 되어 어떤 교회에든지 취직해야 한다.'라는 고정 관념은 '사랑으로 역사하는 믿음'으로 바뀔 수는 없을까요? 최근 들어 각종 신학 대학 교수들이 한 목소리로 지금은 '목회 실업자 시대'라고 말하며 현재까지 목회 실업자는 827,000명에 이른다고 말하고 있습니다. 신학교 학생 수를 줄여야 한다고 호소하고 있지만, 학교마다 재정난으로 학생 수를 늘리지 않을 수 없다고 합니다. 입학 정원을 늘리면 자연 학생들의 질이 떨어지게 되고 실업자는 느는 악순환을 거듭할 수밖에 없습니다. 지적인 엘리트들과 가정이 부유한 학생들이 신학교를 지원하여 공부한다면 그들은 졸업 후에도 '목회 실업자'라는 어휘에서는 자유로울 것 같습니다. 그들은 목사직에 연연하지 않고 각 교회에서 말씀에 갈급한 교인들에게 다가가 측은한 생각으로 성경의 말씀을 나누며 '사랑의 역사'를 할 수 있기 때문입니다. 얼마나 귀한 일이겠습니까? (2012.12.17.)

31

지도자도 죄인입니다

> 바나바와 바울은 이 말을 듣고 옷을 찢으며 군중 속으로 뛰어들어 이렇게 외쳤다. / '여러분, 왜 이러십니까? 우리도 여러분과 같은 사람입니다. 여러분은 이런 헛된 일을 버리고 하늘과 땅과 바다와 그 가운데 있는 모든 것을 창조하신 살아 계신 하나님을 믿으십시오. 그래서 우리가 여러분에게 기쁜 소식을 전하는 것입니다.'
>
> 행 14:14~15

교회의 구역 인도자가 교통사고로 병원에 입원했습니다. 그래서 권사인 구역장이 구역원을 대동하고 남자 집사의 승용차를 타고 심방을 갔습니다. 문병을 끝내고 나오기 전, 남자 집사가 구역장에게 기도하고 병자가 쉬게 떠나자고 했습니다. 그러자 구역장은 당황하며 "기도는 남자분이 해야지요."라고 했습니다. 이렇게 어색하게 서로 기도를 미루자 인도자인 병자가 기도를 시작했습니다. 교통사고는 본인이 주의하고 있어도 불의에 생기는 것이기 때문에 하나님께서 늘 길을 인도하여 무사히 다닐 수 있도록 구역원 한 사람, 한 사람을 지켜 주셔서 가정의 평안을 유지할 수 있게 해 달라는 기도였습니다. 구역원들은 나오면서 뭔가 잘못되었다는 생각을 했습니다. 기도를 받을 사람은 병자인 인도자인데, 저기들의 안전을 위해 기도를 받고 왔다는 생각 때문이었습니다. 평신도를 문병했을 때는 잘도 기도하고 오던 사람들이 자기들을 인도한 인도자를 위해서는 기도를 못 한 것입니다. 모든 인간은 죄인이요 연약한 존재인데, 아무리 지도자라도 기도가 필요 없는 죄인이 어디 있습니까?

문제는 기도는 높은 위치에 있는 사람이 낮은 위치에 있는 사람에게 해 줄 수 있다고 생각하고 있기 때문입니다. 평신도보다는 집사가, 집사보다는 안수집사가, 안수집사보다는 장로가, 장로보다는 전도사가, 전도사보다는 목사가, 목사보다는 담임 목사가 또 여자보다는 남자가 기도해 주어야 기도 응답을 받는다고 생각하는 것입니다. 교회 공동체에 왜 이런 계급 의식이 들어왔습니까? 모든 교인은 비록 목사라 할지라도 죄인이며 하나님의 영광에 이르지 못하는(롬 3:23) 존재입니다.

바울이 루스드라에서 발을 쓰지 못하는 사람을 고쳐 걷게 하자 무리들이 바나바는 제우스라 하고, 바울은 헤르메스라고 부르며 (행 14:12), 그들에게 제사 지내려 하자 그들은 옷을 찢고 군중 가운데 뛰어들어 자기들은 그들과 똑같은 사람이라고 소리쳤습니다. 그들은 자기들을 인간이 아닌 종교적인 우상이나 상징으로 만들려는 것이 기독교의 기본 원리에 맞지 않은 것을 보여 주려 했던 것입니다. 물론 종교적인 지도자는 불신자와는 그 삶이 하늘나라에 속한 자로서 새로 믿기 시작한 사람들의 본이 되며 구별되어야 합니다. 세상 사람과 똑같은 사람이라는 것을 보이기 위해 속된 일을 일삼으면 안 되겠지요. 바울은 데살로니가 교회에 디모데를 보내어 목회하게 하고 사랑과 애정으로 그 교회를 위해 기도했습니다. 그러나 바울은 그가 기도로 보살핀 교회의 교인들에게도 기도해 달라고 부탁했습니다. (살후 3:1) (2012.12.28.)

32

서원 기도

> 그러나 일단 여러분이 맹세를 하게 되면 반드시 그 맹세를 지켜야 합니다. 그것은 여러분 자신이 선택한 것이며 여러분의 하나님 여호와께 맹세한 것이기 때문입니다.
>
> 신 23:23

우리 교회를 떠난 분들도 우리 교인 결혼식 때는 옛 친구들의 자녀를 축하하기 위해 결혼식에 잘 참석하는데, 한번은 제게 인상 깊었던 분을 만난 일이 있습니다. 저는 1992년에 교회 교육관 건축 위원장을 맡은 일이 있었는데, 건축비를 마련하기 위해 교인들의 헌금 약정을 받은 일이 있었습니다. 그 약정 헌금액이 3억 원쯤 되었는데, 중간에 부목사와 함께 교회를 떠난 분들이 있어서 수금에 차질이 생겼습니다. 어린 주일 학교 학생들의 헌금까지 모아야 할 아쉬운 형편이었는데 큰돈을 약정한 분들이 떠났기 때문에 여간 당혹스러운 것이 아니었습니다. 그러나 그 손실은 포기하고 새 열심을 내서 건축은 진행되었는데, 4년 뒤 교육관 헌당식을 하기 바로 전에 교회를 떠난 분 중에 약속한 헌금을 보내온 분이 있었습니다. 그래서 오랫동안 그분 이름을 기억하고 있었는데, 결혼식장에서 만난 것입니다. 저는 그때 참 감사했다고 말했더니 그분은 당연하다는 듯이 "그 돈은 하나님과 약속한 것이 아닙니까?"라고 하는 것이었습니다.

우리가 하나님 앞에 서원할 때는 그 보답으로 하나님께 어떤 물질이나 봉사를 드리겠다고 약속합니다. 야곱은 베델에서 하나님이 자기와 함께 하셔서 자기의 가는 길을 지키시고 평안히 아버지 집에 돌아오게 하시면 자기에게 주신 모든 것의 십일조를 드리겠다고 서원했습니다. (창 28:22) 한나는 하나님께서 자기에게 아들을 수시면 그를 여호와께 바치겠다고 서원하였으며, 그 아들을 하나님께 바치자 세 아들과 두 딸을 하나님께서 주셨습니다. (삼상 2:21) 좀 무서운 것은 사사 입다가 싸움터에서 암몬 자손을 이기고 평안히 돌아오게 하시면 누구든지 자기 집 문에 나와 영접하는 자를 여호와께 제물로 드리겠다고 서원하여 그의 딸이 춤을 추고 나와 환영하자 그 딸을 제물로 바쳤습니다. (삿 11:39)

요즘도 어떤 부모는 자기의 큰아들은 첫 열매기 때문에 목사로 하나님께 바치겠다고 서원하여 부자 간에 갈등이 생기고, 또 어떤 교회에서는 가정이 복 받기 위해 하나님 앞에 서원 기도를 하라고 권하고 일천 번의 재물(일천 번제)을 교회에 바치라고 하는 곳도 있다고 합니다.

그러나 예수님은 잘못 맹세하는 것을 경고하면서 하늘을 두고도, 땅을 두고도, 예루살렘을 두고도, 네 머리를 두고도 맹세하지 말고 "너희는 '예' 할 때는 '예'라는 말만 하고, '아니오' 할 때는 '아니오'라는 말만 하여라. 이보다 지나친 것은 악에서 나오는 것이다. (마 5:34~37)"라고 말했습니다.

본인이 서원 기도를 하겠다는 것을 누가 말리겠습니까? 그러나 인간에게는 서원한 것을 지킬 능력이 없습니다. '할 수 있다', 혹은 '할 수 없다'는 것만 분명히 하고 살아야 하며, 하나님의 기적을 바라서 서원 기도를 하는 것은 옳은 일이 아니라고 생각합니다. (2013.01.09.)

33

성령을 부어 주시옵소서

> 그래서 내가 하는 말입니다만 여러분은 성령님의 인도를 따라 사십시오. 그러면 육체의 욕망을 채우려고 하지 않을 것입니다.
>
> 갈 5:16

새해에는 성령의 능력을 부어 주셔서 육체의 욕망을 따라 살지 않겠다고 결심하며, 저는 "저를 향하신 하나님의 계획이 저를 통해 이루어지기를 소원합니다."라고 새해 첫날에 기원했습니다. 실제 저는 지금까지 큰 노력을 해 봤지만, 힘만 들었지 그대로 이루어지지 않았기 때문에 올해에는 아예 모든 꿈을 접고 노아의 방주에 들어가 앉은 셈 치고, 온전히 나를 하나님께 맡기고 성령께서 인도하는 삶을 살아 보겠다고 기도한 것입니다. 그런데 노아의 방주는 키도, 노도, 돛도 없이 제작된 특별한 배입니다. 그 배로는 내 뜻대로는 아무 곳도 갈 수 없어 온전히 성령의 인도만 받고 살겠다는 것입니다. 그런데 주도적으로 아무것도 하지 않고 세상을 살 수 있을까요? 온전히 하나님께 나를 맡기고 가만히 앉아 있어도 되는 것일까요? 나 자신의 꿈을 가지고 무엇인가를 시작해서 좌절도 하고, 실패도 하고, 기도도 하고 사는 것이 기독교인의 삶이 아닙니까? 제가 새해 소원을 잘못 드린 것일까요?

'하나님의 계획이 나를 통해 이루어지게 해 달라'는 기도는 하나님께 맡기고, 저는 편하게 살겠다는 기도가 아닌 것을 알게 되었습니다. 제가 주도적으로 아무 일도 하지 않으면 주께서도 저를 통해 아무 역사도 하실 수 없다는 생각을 하게 된 것입니다. 따라서 주께서 제게 어떤 목적을 두고 계시는지 살면서 끊임없이 찾는 노력을 해야 한다는 숙제를 껴안게 되었습니다. 또 성령의 능력을 부어 달라는 것은 강권하는 성령에 응답하여 살겠다는 뜻인데 세상에 익숙해진 방법으로 사는 제가 어떻게 거룩한 주님이 원하시는 일을 할 수 있겠습니까? 이것은 제가 편해지는 것이 아니고 제가 주의 십자가를 자원하여 지는 일입니다. 성령이 저에게 강력하게 역사하면 할수록 저는 그 역사에 동참해야 하고, 또 동참하면 동참할수록 세상의 일을 멀리해야 합니다. 저는 가만히 있어도 성령이 쉽게 다 해주시는 것이 아니고 오히려 개인적인 희생을 주님의 뜻에 따라 강요받게 된다는 것을 알게 되었습니다. 우리는 하나님의 일을 한다고 하면서 우리가 익숙한 세상의 방법으로 처리할 때가 많습니다. 이것은 하나님의 방법으로 하는 일이 아니며, 하나님이 기뻐하는 일도 아닙니다. 어려운 사람을 위해 기도할 때 하나님께서 "네가 직접 도와라."라고 말씀하시면 '안 들었다고 생각하면 되지 뭐.' 하면서 무시해 버릴 수가 없습니다. "하나님 저와 함께 해주십시오."라고 말하는 것은 하나님의 음성을 들은 대로 하겠다는 뜻이기 때문입니다.

  이런 생각을 하니 "성령의 능력을 부어 주시옵소서."라고 부르짖는 것은 조심해야 한다는 생각이 듭니다. 그러기 전에 우리가 준비되어야 하기 때문입니다. (2013.01.16.)

34

기다리는 자가 복이 있다

> 그러나 여호와께서는 아직도 너희가 돌아오기를 기다리고 계시며 너희에게 사랑을 베푸시려고 하신다. 여호와는 의로우신 분이시므로 너희를 불쌍히 여기실 것이다. 그러므로 여호와를 의지하는 자는 복 있는 자이다.
>
> 사 30:18

이사야는 위기에 처한 유다 백성이 하나님을 의지하지 않고 애굽을 의지하는 패역한 행위를 보면서 "… '너희는 돌아와서 말없이 나를 신뢰하라. 그러면 너희가 구원을 받고 힘을 얻을 것이다.' 하셨으나 너희는 그렇게 하기를 원하지 않았다. (사 30:15)"라고 말하며 성급하게 구는 유다 백성을 꾸중합니다. 그러나 하나님께서는 그들을 징벌하지 않으시고 기다린다고 말씀하십니다. 이렇게 기다리시는 하나님을 기다리고 있는 자가 복을 받는다고 말합니다. 왜 그렇습니까? 하나님의 기다리심은 그들에게 은혜를 베풀려 하심이요, 그들을 긍휼히 여겨 일어나려 하시기 때문입니다. (사 30:8) 그런데 우리는 그 복을 무시하고 기다리지 못합니다.

최근에 저는 아는 제자가 유방암에 걸려 기도를 부탁해 왔습니다. 기도하고 있었는데, 그 암 검사를 하는 동안 왼쪽 폐에 또 종양이 발견되었다는 것입니다. 먼저 유방암 수술을 했는데 다행히 수술은 잘 끝났으며, 전이된 것이 없다고 했습니다. 그런데 암 검사를 하는 동안 또 다른 폐에 종양이 발견되어 다시 입원해서 종양의 조직 검사를 하든지 아니면 아예 종양 제거 수술을 해야 한다는 것입니다. 그러기 위해 다시 입원하고 있는데, 이 수술은 폐이기 때문에 더 조심스럽고 힘든 것이라고 근심 섞인 전화를 해 왔습니다. 그래서 아무것도 염려하지 말라는 빌립보서 4:6~7절의 성경 말씀으로 격려를 했습니다. '인간으로 어찌할 수 없는 무력감이 가장 훌륭한 기도를 가져온다.'라고 믿하면서. 며칠 이를 위해 좋은 이사를 주시고 종양이 양성이기를 바란다는 기도를 하고 있었는데, 또 연락이 왔습니다. 의사가 일단 퇴원하고 한 달쯤 후에 종양이 어떻게 되었는지 다시 검사해 보고 수술하자고 말했다는 것입니다. 이것은 근심을 연장하는 것이 아닐까 생각했는데, 그녀의 말은 기다리라는 의사의 친절한 말이 많은 신뢰감을 주었으며, 한 달 동안 더 기도할 수 있는 기간을 주신 하나님께 감사한다는 것이었습니다.

하나님은 은혜를 베풀기 위해 그리고 우리를 긍휼히 여겨 기다리십니다. 우리는 그분이 우리를 향해서 하시는 기적을 기다려야 합니다. 내 제자는 하나님의 은혜를 사모하며 기다리는 한 달 동안 기도 중에 하나님께서 폐에 생긴 종양을 깨끗이 없애 주실지도 모릅니다.

기도만이 하나님이 우리를 위해 하시고자 하는 일을 이루시게 하는 일이기 때문입니다. (2013.01.30.)

35

소망을 묻는 사람

> 마음에 주님이신 그리스도를 거룩하게 모십시오. 그리고 여러분이 간직한 희망에 대해서 그 이유를 묻는 사람에게는 언제나 부드럽고 공손하게 대답할 준비를 하고 / 선한 양심으로 생활하십시오. (…)
>
> 벧전 3:15~16

  저는 제가 예수 그리스도를 영접하고 지금까지 살고 있다고 자부하는데, 누군가가 갑자기 "예수를 믿고 사는 당신이 가진 소망이 무엇입니까?"라고 묻는다면 선뜻 대답할 말이 생각나지 않습니다. 그래서 구역에서 만난 한 권사님께 "기독교인으로 가진 소망이 무엇입니까?"라고 물었습니다. 그분은 서슴없이 "천당 가는 것이 소망이지요. 안 그래요?"라고 쉽게 대답하는 것이었습니다. 그 말을 듣자 저는 제가 너무 어려운 이론만 생각하고 있지 않았는지 돌아보게 되었습니다. 죽어서 낙원에 올라가 주님과 함께 천국 보좌에 앉으신 하나님을 뵙고, 보좌에 둘러앉은 이십사 장로들과 함께 하나님을 찬양하고 경배하는 것이 소망이 아니었던가 하는 생각을 하게 되었습니다. 그러나 불신자가 저에게 제가 가진 소망이 무어냐고 물었을 때 '천당 가는 것'이라고 대답하면 정답이 될까 하는 생각을 또 하게 되었습니다. 만일 '천당'에 대해 전혀 관심이 없는 불신자라면 저는 관심거리도 되지 못하는 동문서답을 하는 것이 되고 또 '천당'을 기독교인들의 전유물로 생각하고 불신자에게는 더더욱 경박하고 혐오스러운 대답이 될 것 같았습니다.

그들은 도대체 기독교인들을 향해 '가지고 있는 소망이 무엇이냐?'고 묻기나 하는 것일까요? 요즘 기독교인들은 세상에 나가 빛과 소금으로 사는 것이 아니라 세상 사람들이 교회로 밀고 들어와 세속적인 방법과 사고로 교회를 흔들어 놓아 교회는 세상의 축소판이 되어 있습니다. 그래서 하는 행위가 세상 사람들과 똑같은데, 굳이 믿는 자의 가진 소망이 무엇이냐고 물을 필요가 없는 것 같습니다. 우스꽝스럽게도 지금은 상대방에게 '소망에 관한 이유'를 물어 달라고 강요하고 또 그 답은 '천당'이라고 큰 소리로 외치며 자문자답하는 시대가 되었습니다.

1909년 미국 선교사 보의사(Wily H. Forsythe)는 목포에서 전주에 있는 동료 선교사의 병을 치료하기 위해 광주로 급하게 오는 도중 영산포에서 조랑말을 빌려 타고 오다가 길에 누워 있는 여자 나병 환자를 보고 일으켜서 말에 태우고 광주로 왔는데, 도착이 늦어져 그사이 동료 선교사는 세상을 떠났습니다. 그러나 일본 경찰을 하다가 그만두고 길거리의 깡패가 되었던 최홍종은 보의사가 자기가 데려온 나병 환자를 정성껏 돌보는 것을 보고 예수를 믿게 되고, 후에 목사가 되었습니다. 최홍종 목사는 당시 보의사 선교사에게 "이렇게 사는 이유가 무엇입니까?"라고 정말 그의 소망에 관해 묻고 싶었을 것으로 생각합니다. 우리 기독교인의 삶을 보면서 그런 질문을 해 주는 사람이 있기를 원합니다. (2013.02.13.)

36

행함이 없는 믿음

> 여러분 가운데서 누가 그들에게, 평안히 가서 몸을 따뜻하게 하고, 배부르게 먹으라고 말만 하고, 몸에 필요한 것들을 주지 않으면, 무슨 소용이 있겠습니까?
>
> 약 2:16

어느 주일 예배가 끝나고 광고 시간도 끝날 무렵, 목사님이 쪽지를 들고 긴급 기도 요청이 있다고 알렸습니다. 교인 중 한 집사가 뇌출혈로 쓰러져 지금 병원 중환자실에 입원 중인데 위독하다는 것이었습니다. 그런데 그가 바로 제 구역원이었습니다. 면회 시간은 12시와 오후 6시 반이어서 저는 그때 병원에 갈 시간을 맞추지 못해 집으로 돌아왔습니다. 그러나 보통 걱정이 되는 것이 아니었습니다. 병자는 일흔이 넘은 어머니 한 분을 모시고 사는 사람인데 소아마비로 장애인이고, 아내와는 이혼하고 혼자 사는 분이며, 직장도 은퇴한 지 얼마 안 되는 상태였습니다. 들리는 바로는 부채도 있어 갚아 가고 있다는 것이었습니다. 그런데 갑자기 뇌출혈로 입원한 것입니다. 병원 심방을 가지 못해서 이튿날 병자의 노모에게 전화를 해 보았습니다.

그녀는 병자의 병간호보다는 그의 병원비와 당장 생활을 꾸려 나갈 일 때문에 걱정인 모양이었습니다. 벌써 병원비가 250만 원이 넘었다는 것이었습니다. 그래서 노모는 동 사무소에 뛰어가 속수무책인 아들의 병원비를 위해 긴급구호금을 좀 마련해 달라고 호소하고 또 그가 생활 능력이 없어 영세민(기초 생활 수급자) 대상으로 인정을 받기 위해 물었는데, 수속하는 서류가 너무 많고 눈은 보이지 않아 무엇을 어떻게 해야 할지 알 수도 없었습니다. 그러나 이것은 다른 대리인이 할 수 없고 본인이 직접 작성해야 하는 것이어서 너무 무리했던 탓인지, 입안이 다 헐었다고 했습니다. 병원도 하루에 두 번은 가야 하는데 버스로 가기 때문에 한 번 오가는 데 두 시간이 걸렸고, 전날 밤에는 면회 시간을 기다리고 있는데 저혈당 증세가 생겨서 쓰러질 뻔했다는 것입니다. 제 아내가 추워 감기에 걸리면 병구완도 못 하니 잘 때라도 따뜻하게 자라고 당부했더니 방 안 온도를 올리고 잘 수도 없다고 말하며, 지난 추위에는 너무 참을 수 없어 난방하고 며칠 잤더니 삼만 원이던 기름값이 오만 원이나 나왔다고 모깃소리만큼 힘없는 소리를 했습니다.

저는 "평안히 가서 몸을 따뜻하게 하고, 배부르게 먹으라고 말만 하고, 몸에 필요한 것들을 주지 않으면 무슨 소용이 있겠습니까?"라는 성경 말씀이 생각났습니다. 몸에 필요한 것이 엄청나서 무엇을 어떻게 해야 할지 알 수 없는 일이었지만 무엇인가를 해야 한다는 생각이 번개처럼 머릿속을 스쳤습니다. 구역원이 합심 기도하고 우선 가능한 헌금으로 그 노모에게 절망에서 일어나 소망을 갖도록 힘을 보태자고 구역원을 독려했습니다. 이것이 무슨 도움이 되겠습니까? 그러나 주님은 많은 참새보다 우리를 귀히 여기시며 돌보시는 하나님임을 순간 믿어야 했습니다. (2013.02.20.)

37

은희야, 미안하다

> 죄 짓게 하는 일 때문에 이 세상에 불행이 닥칠 것이다. 세상에는 죄 짓게 하는 일이 항상 있기 마련이다. 그러나 죄 짓게 하는 그 사람에게는 불행이 닥칠 것이다.
>
> 마 18:7

저는 중등교원양성소라는 곳을 나왔는데, 해방 직후 중등학교에 과학·수학 교사가 부족하여 이 교사들을 보충하기 위해 생긴 학교로 후에 이것은 초급 사대로 되었다가 다시 사범대학으로 바뀌었습니다. 그때는 휴전 협정이 있기 전이어서 전시연합대학이라고 서울에 있는 대학생들은 부산에 피난 가서 공부하던 그런 때여서 퍽 어수선한 때였습니다. 입학하고 보니 이 양성소는 부족했던 교사 수가 채워져서 나는 더는 존속할 필요가 없는, 용도 폐기될 그런 2년제 대학의 마지막 학생이었습니다. 그래도 우리는 몇 사람 안 되는 여학생을 희롱하기도 하고, 방과 후에는 막걸리 통을 놓고 배구 시합도 하고, 졸업 때는 교지(校誌)를 만들어 졸업을 기념하기도 했습니다. 그때 우리 반에는 은희라는 여학생이 있었는데, 머리를 한 줄로 묶어 뒤로 내리고 있어 '복조리'라는 별명을 가진 학생이었습니다. 아버지는 목사님이셨는데, 인공 때 인민 재판을 받고 돌아가시고 저소득 모자 가족을 돕는 '모자원'이라는 곳에서 학교에 다니고 있었습니다. 전혀 말이 없는 학생으로, 제가 몇 번 편지해도 회답이 없어 돌을 던지면 '안압지'도 '둠벙' 소리를 낸다는데 묵묵부답이라고 놀린 적이 있습니다. 혹 열렬히 구애하는 편지를 쓰면 가부간 답이 있지 않을까 하고 시도해 보았지만 아무 회답이 없었습니다. 그래서 주일에 영화를 보자고 유혹하는 등 못된 짓을 많이 했습니다. 그런데 그녀는 글로 답장은 안 썼지만, 그런 무리한 부탁은 잘 들어준 편이었습니다. 우리는 영화도 보고, 차도 마시고, 공원에도 갔습니다. 계속 나는 지껄이고 그녀는 듣고만 있는 일방통행이었습니다. 그 당시는 젊은 대학생들이 무신론적 실존주의자 사르트르를 무척 따르던 때였습니다. 저도 그중에 한 사람이어서 만나면 마구 불을 뿜고 기독교를 비난했습니다.

　신은 없다. 인간은 신과는 상관없이 그저 목적 없이 세상에 던져진 존재다. 실존이 본질을 선행한다. 나는 던져진 자리에서 행동으로 나 자신을 만들어 가야 하며 나는 행동의 주체며, 선택의 주체며, 책임의 주체다. 나는 모든 답이 없는 난제를 신에게 돌리는 안일한 기독교인을 싫어한다. 생기가 넘치는 인간을 죄인이라는 족쇄로 얽어매어 길들인 가금(家禽)의 무리로 만든 것이 기독교다.

　졸업 후 저는 결혼을 하고 우연히 길에서 대학의 동창생을 만났습니다. 그는 제가 은희와 결혼하지 않은 것이 좀 놀라운 것 같았습니다. 자기는 은희를 무척 좋아했는데, 나 때문에 청혼도 못 했다는 것이었습니다. 저는 그녀의 소식을 물었습니다.

"몰랐어? 걔는 모교인 미션 학교에서 그렇게 와 달라고 사정하고 또 모친이 아버지를 위해서도 그곳으로 가라고 사정했는데도 이를 뿌리치고 일반 불신 중학교로 가서 선생으로 있잖니?"

저는 그때야 제가 무슨 짓을 했는지를 깨달았습니다. 저는 하나님께 화를 당해야 마땅한 사람이라고 뒤늦게 참회했습니다. 저는 속칭 마귀 노릇을 한 것입니다. (2013.03.20.)

38

아름다운 부부

'주권자이신 주님, 이제는 약속하신 대로 이 종을 놓아 주셔서 내가 평안히 떠날 수 있게 되었습니다.'

눅 2:29

미국에 사는 제 친구가 이번에 자기 아버님의 병환으로 한국에 나왔습니다. 아무래도 오래 못 사실 것 같다는 동생 가족의 말을 듣고 임종을 지켜보기 위해 나온 것입니다. 미국으로 공부하겠다고 떠나서 거기에 정착한 뒤, 오랜만에 고국에 나온 그는 자기가 나그네라는 것을 실감했다고 합니다. 또 거동을 못 하고 늘 누워계시는 부친의 간호를 하고 있으면서 성경의 잠언서에 있는 '헛되고 헛되다'라는 말씀이 생각나서 인생의 무상함을 느꼈다고도 했습니다. 어렸을 때는 크고 무섭던 아버지가 아흔두 살의 나이가 되자 백지장처럼 가벼워져서 모든 의욕도 잃고 천정만 쳐다보고 계셨기 때문입니다.

3주 예정으로 비행기 표를 끊고 왔는데, 둘째 주가 다 가기 전에 부친은 돌아가셨습니다. 그런데 그는 귀국할 수가 없었습니다. 두 살 위인 아흔네 살의 어머니도 남편의 장례를 치른 뒤 아파 누웠기 때문입니다. 그래서 그는 비행 여정을 3주를 더 연장했습니다. 평소 남편과 금실이 좋았던 어머니는 자기가 남편을 먼저 보내고 얼마 동안 더 살다 가야 한다는 것이 평생의 소원이었고, 그것을 바라며 하나님께 기도해 왔다고 합니다. 크게 바라는 것도 없고 욕심도 없이 평범하게 신앙생활을 하면서 하나님의 말씀에 순종하고 하나님께 소망을 두고 살아온 분이었습니다. 그런데 그의 모친은 남편을 보낸 뒤 정말 소원대로 2주 만에 돌아가셨습니다.

아버지의 출상은 겨울인데 날씨가 너무 좋았고, 어머니의 출상은 눈이 많이 오는 추운 날이었습니다. 들리는 말에 의하면 내 친구의 모친은 부친 사망 후 곡기를 끊고 전혀 먹지를 않았다고 합니다. 그렇게 식사를 하지 않으면 멀쩡한 사람도 죽는다고 아무리 식사를 권해도, 입맛이 없다고 듣지를 않았다고 합니다. 어쩌면 스스로 목숨을 포기한 것이 아닌가 하는 생각이 들 정도였다고 합니다. 하나님께서 주신 생명을 스스로 결단하여 포기한다는 것은 자살 행위가 아닐까요? 그러나 남편을 잃고 살 만치 살았다고 생각한 그분은 마치 예루살렘에서 그리스도를 보기 전에는 죽지 아니하리라고 소원하던 시므온이 아기 예수를 안고 '이 종이 세상에서 평안히 떠나갈 수 있게 해 주셨다. (눅 2:29)'라고 찬송하듯 그분도 자기 기도를 들어주시고 자기 생명을 2주 만에 거두어 가시는 하나님께 감사했던 것이 아닐까요? 천만금을 준다 한들, 아들이 곧 대통령이 된다 한들, 자살하면 천국 못 간다고 위협한들, 그분은 촛불처럼 꺼져 가는 자기 목숨은 아무것에도 구애받지 않겠다고 생각했을 것입니다. 영원한 안식에 들어가게 된 것만을 감사했을 것입니다. 그러나 스스로 목숨을 포기했다고 하나님은 노하셨는지 나쁜 날씨를 주셨습니다. (2013.04.03.)

39

행함과 진실함으로 사랑한 사람

> 자녀들이여, 우리는 말로만 사랑하지 말고 행동으로 진실하게 사랑합시다.
> 요일 3:18

　　인세반은 현재 '유진 벨 100주년 재단(Eugene Bell Centennial Foundation)'의 이사장으로 계십니다. 이 재단은 1995년 그의 아버지의 외할아버지 되는 배유지(Eugene Bell) 목사의 한국 선교 100주년을 기념해서 설립한 것입니다. (현재는 '조선의 그리스도인 벗들(CFK: Christian Friends of Korea)'도 같은 뜻을 갖고 만들어져 활동하고 있다.) 인세반은 1979년부터 북한을 왕래하며 북한 동포를 도왔습니다. 그의 아버지 인휴(Hugh Linton) 목사는 순천 선교회 소속으로 순천-광양 지방의 200여 도서 교회를 검은 고무신을 신고 다니며 전도했던 분으로, 순천 시민의 아버지였습니다. 집을 비우기를 일주일, 한 달은 보통이었다고 합니다. 귀가하면 부인은 언제나 남편을 문밖에 세워 두고 옷을 다 벗고 목욕을 한 뒤라야 애들을 만나게 했는데, 그것은 빈대와 이를 너무 많이 묻혀 왔기 때문이었다고 합니다. 당시는 한국에 결핵 환자가 너무 많은 것을 안타까워한 인휴 목사는 1965년 순천의 조예동에 결핵 요양원을 건립, 계속 결핵 환자를 돕는 일을 했습니다. 그러다가 1984년 4월 농촌 교회 건축 자재를 싣고 오다가 교통사고로 사망했습니다. 당시 구급차가 없어 수혈을 제대로 못 해 사망한 것을 애통하게 여긴 그의 막내아들, 인요한(John Linton: 현 세브란스 병원 국제 진료소장)이 1992년 자기 아버지에게 보내온 조위금 3,200만 원으로 한국 최초의 119 모델을 만들어 순천 기독진료소에 기증한 것은 유명한 일화입니다. 그의 어머니 인애자(Elizabeth Linton)는 계속 한국에 와서 남편 사후에도 결핵 환자를 도왔으며, 이렇게 한국을 사랑한 그 부인에게 한국 정부는 1984년, 한국 영주 체류권을 발급했으며, 그분은 적십자 봉사 대상, 호암상 봉사 대상(5,000만 원) 등을 받았는데 이 상금으로는 막내 인요한 원장은 구급차를 만들어 이번에는 1997년 북한에 전달하기도 했습니다.

저는 어떤 기회에 CFK와 인연을 맺어 매월 하루하루의 기도 제목을 적은 달력을 받았는데, 올해 3월 21일의 기도 제목은 '평양에 도착하는 팀의 안전과 건강'을 위한 것이었습니다. 기도하면서도 남북 간의 긴장이 고조되고 북한은 3차 핵 실험을 하고, 정전협정 폐기선언, '서울과 워싱턴 불바다' 위협을 하는가 하면 남한은 제2 천안함 사건 발발 시는 평양의 김일성 부자 동상의 정밀 타격과 북한 4군단을 폭파하겠다는 남북 간에 적대 발언이 심해 CFK 임원들의 북한 방문이 가능할까 의심하였습니다. 그런데 3월 7일 대한민국국가조찬기도회 때 인요한(대통령인수위원회 국민대통합부위원장)

소장이 박 대통령께 결핵약 대북 지원이 제대로 되게 해 달라고 요청했더니 이를 허가했다는 신문 보도를 보고 숨통이 트이는 걸 느꼈습니다. 재정적인 큰 도움을 주지 못하고 기도만 하는 저는 '말로나 혀로만 사랑하지 말고…'라는 성경 말씀이 늘 목에 걸립니다. 그러나 CFK의 따뜻한 사랑은 이북 동포의 심장을 녹일 것을 믿습니다. (2013.04.10.)

40

목사님께 받은 격려금

> 그때에는 아무도 자기 형제나 이웃에게 나를 알도록 가르칠 필요가 없을 것이다. 이것은 모든 사람이 다 나를 알게 될 것이기 때문이다.
>
> 히 8:11

저는 새로운 곳으로 이사 온 이 5년 동안 이발소를 가지 않고 미용실을 다닙니다. 처음 얼마 동안은 파마 냄새가 나고 역겨웠지만, 이발소에서 시퍼런 면도날을 휘두르면 목이며 볼을 후비는 두려움에 비하면 퍽 좋은 편이었습니다. 이제는 미용사도 저를 장로라고 잘 따르는 편입니다.

하루는 오전 일찍이 머리를 깎으러 갔는데, 반가운 얼굴로 맞으며 '장로님을 만나다니 참 신기합니다.'라고 말하며 어젯밤엔 잠을 설쳤다고 말했습니다. 딸이 음대에 합격했는데 자기 교회 목사가 격려금을 주었다는 것입니다. 목사에게 돈을 바쳤다는 이야기는 들었어도 목사로부터 격려금을 받았다는 말은 들어 본 일이 없는데 너무 신기한 이야기라고 말했더니 아주 걱정스럽게 대답했습니다. 그것은 부담이 되는 큰돈이었다는 것입니다. 그냥 교회에 헌금해 버릴까도 생각했는데, 그럴 수도 없다는 것입니다. 누가 그런 큰 돈을 헌금했는지 금방 알게 되어 이것은 목사님의 사랑에 대한 보답이 아니라고 생각했다는 것입니다. 그 교회는 네다섯 가정이 들쭉날쭉 나오고 있어 곧 드러난다는 것입니다. 가뜩이나 그 집 딸은 교회 피아노를 치고 있다가 작은 교회가 답답해서 떠난 상태라는 것이었습니다.

"피아노까지 있는 교회에 출석하는 교인이 몇 가정밖에 없다니 이해할 수 없습니다. 전도에 너무 소홀한 것이 아닙니까?"

"저도 시간이 없구요. 다른 사람들도 몇 번 나왔다가 떠나는 분들이 많아 전도 활동을 하며 머물러 있을 사람이 없어요."

"찾아오는 사람이라도 붙들고 떠나지 않도록 심방을 해야 하는 것이 아닙니까?"

"목사님이 너무 착하셔서 어디 가나 하나님만 바르게 믿으면 된다고 그냥 두셔요."

저는 할 말을 잃고 조발이 끝나 떠나려고 하는데, 귀에다 대고 이 격려금에 대해 어떻게 했으면 좋을지 한마디 해 주고 떠나라는 것이었습니다.

"이것은 이럴 때 어떻게 하라고 정해진 법이 없습니다. 집사님은 하나님이 어떤 분인지 아시지 않아요? 집사님 안에 살아 계시는 사랑의 하나님께서 어떻게 하라고 이미 가르쳐 주셨을지 모릅니다. 마음에 정한 것이 하나님께서 원하시는 길일 것입니다. 사랑은 결코 실패하는 일이 없습니다."

저는 그렇게밖에 대답할 수 없었습니다. 정말 목사님을 사랑하면 누가 이렇게 하라고 가르쳐 주지 않아도 사랑이 서로 화답하고 이해하는 것이 아닐까요? (2013.04.17.)

41

여자에게 내린 하나님의 심판

> 그리고 하나님이 여자에게 말씀하셨다. '내가 너에게 임신하는 고통을 크게 더할 것이니 네가 진통을 겪으며 자식을 낳을 것이요, 너는 남편을 사모하고 남편은 너를 다스릴 것이다.'
>
> 창 3:16

　에덴동산에서 평화롭게 살고 있던 아담과 하와가 뱀의 꾐에 빠져 선악과를 따 먹은 뒤 그 동산으로부터 추방되기 전 하나님께서 하와에게 벌을 준 말씀이 창세기 3:16에는 있습니다. 여자는 해산의 고통을 받을 것이며, 남편의 다스림을 받고 살아야 한다는 것입니다. 그것은 벌일까요? 하나님께 돌아오라는 채찍일까요? 해산의 고통은 불신자도 당연하다고 생각하며 부부 간 사랑의 결과로 얻은 생명을 손으로 안은 기쁨의 대가로 생각하고 있는 것 같습니다. 출산의 고통은 어린아이를 안고 나면 기쁨으로 금방 바뀌고, 경제적인 어려움만 없다면 몇 명이고 낳을 기세이기 때문입니다. 성경에도 "해산할 날이 가까와진 여자는 겪어야 할 진통 때문에 근심한다. 그러나 아기를 낳으면 세상에 사람이 태어났다는 기쁨에 그 고통을 잊게 된다. (요 16:21)"라고 말하고 있습니다.

그런데 남편의 지배를 받는 일은 어떻습니까? 출산의 고통은 당연하다고 받아들이면서 남편의 지배를 받는 것은 하나님께 불순종한 결과로 당연히 받는 벌이라고 생각하지 않는 것 같습니다. "나는 여자가 가르치거나 남자를 지배하는 것을 허락하지 않습니다. 다만 여자는 조용히 해야 합니다. (딤전 2:12)"라고 바울도 천국의 질서를 말합니다. 그런데 하나님의 말씀을 믿는 여자도 이것만은 절대로 받아들이지 않습니다. 하나님이 가정에 분란을 주시려고 이런 말씀을 벌로 주셨다는 생각이 들기도 합니다. 한 배에 두 신깅이 있을 수 없다고 말해도 여자는 듣지를 않습니다. 집을 살 때도, 차를 살 때도 싸워야 합니다. 이것은 여자에게 내린 벌이 아니라 남자에게 내린 벌 같다는 생각이 들기도 합니다. 남자는 지배하려다 되레 혼나기 때문입니다.

지난번 저는 아파트에 보일러가 고장 나서 AS 센터에 간 일이 있었습니다. 아내는 자기가 잘 아는 길이기 때문에 내비게이션(GPS)을 가지고 갈 필요가 없다고 했고, 나는 가지고 가는 것이 안전하다고 약간 다른 의견을 냈지만 안 가지고 갔습니다. 그런데 목적지에 도착했는데 집을 찾지 못해 너무 헤맸습니다. 나는 짜증을 냈습니다. 그러자 내가 놀란 것은, 아내가 더 불같이 화를 내는 것입니다. 좀 헤매는 것이 대수라고 그렇게 짜증을 내느냐는 것입니다. 자기도 짜증 부릴 수 있고 화낼 수 있다면서, 여자를 무시하지 말라고 해서 저는 혈압이 높은 아내에게 무슨 일이 생기면 어쩌나 하고 걱정이 되었습니다. '네가 아내를 지배하려고 해도 아내가 너를 다스릴 것이다.'라고 성경을 바꾸어 써야 할까요? 그러나 지배를 받는다는 것은 사랑을 받고 보살핌을 받는다는 말이 아닐까요?
(2013.04.02.)

42

돕는 배필과 도우시는 분

> 그러므로 우리는 '주께서 나를 도우시니 내가 두려워하지 않을 것이다. 사람에 불과한 자가 나를 어떻게 하겠는가?'라고 자신 있게 말할 수 있습니다.
>
> 히 13:6

저는 남편과 아내의 주도권 싸움에 관심이 많습니다. 서로 자기 의견이 옳다고 양보하지 않는데, 이것이 화근이 되어 부부 간에 불화가 생기기 때문입니다. 대화로 풀어야 한다고 하는데 대화는 하면 할수록 자기가 옳다는 주장이 강해집니다. 어떤 부부는 불화 때문에 대화하러 3일간 여행을 떠났는데, 그 기간을 채우지 못하고 돌아와서 바로 이혼 절차를 밟았다는 이야기도 있습니다.

하나님께서 말씀하시는 가정의 질서는 무엇일까요?

첫째, 하나님께서는 아담을 하와를 돕는 배필(창 2:20)로 주셨습니다. 둘째, 하나님께서는 하와를 세상에 내보내시면서 '너는 남편을 사모하고 남편은 너를 다스릴 것이다'라고 말했습니다. (창 3:16) 셋째, 바울도 여자가 가르치거나 남자를 지배하는 것을 허락하지 않는다(딤전 2:12)고 가르쳤습니다. 주도권이 남성에게 있습니다.

그런데 잘 믿는 크리스천들도 이 하늘의 질서는 지키지 않습니다.

저는 최근에 아주 금실이 좋은 부부를 만나 훌륭한 대접을 받고 돌아온 일이 있는데, 그때 처음으로 알게 된 것은 그들이 청혼할 때 서약한 조건은 지금 부부들은 상상할 수도 없는 다음 두 가지였다는 것입니다. '결혼 후 경제권은 남편이 갖는다. 가정사의 모든 결정은 남편의 뜻에 따른다.'

저는 이런 엄청난 청혼을 받아들인 부인이 존경스러웠습니다. 그래서 어떻게 그럴 수가 있었느냐고 묻자, 부인은 웃으며 대답했습니다.

"그때 제 월급은 7,500원이었으며 남편의 월급은 80,000원이었습니다. 그리고 그때 저는 남편을 사랑해서 집안일의 결정은 남편 뜻대로 해도 된다고 생각했지요."

저는 우리 학교에서 어떤 교수가 퇴직하면서 학교에 1억 원을 희사하려는데 부인의 동의를 받지 못해 여러 달 기도하면서 힘들게 희사를 결정했다는 이야기를 했더니 그런 일도 있느냐고 놀라면서, 자기 남편은 어떤 재단에 자기의 동의 없이 5억을 주어 버렸다고 웃으며 말하는 것을 들었습니다. 그때 친구는 말했습니다.

"아내가 '돕는 배필'이란 비서라는 뜻이 아니네. 하나님도 나를 도우시는 분이 아닌가? 아내도 마찬가지여. 내 아내는 평생 나를 그렇게 도와주는 배필이었어. 우리 삶은 돌아보면 기적이었네. 그런 하나님의 은혜를 갚기 위해서는 우리는 가지고 있는 것이 있다면 무엇이나 주어 버리고 싶은 사람들이네. 우리 부부는 시신도 모교에 해부용으로 쓰라고 바쳐 버리기로 했어. 그리고 그 증명서를 몸에 지니고 다니니 얼마나 마음이 편한지 모르네. 하나님이 부르시면 그때 가면 돼."

하늘의 질서를 따르며 서로 사랑하며 비우는 삶을 살고 있는 이런 부부도 있습니다. (2013.05.01.)

43

전도의 미련한 것

> 하나님은 세상 사람들이 그들의 지혜로는 자기를 알지 못하게 하시고 오히려 그들의 눈이 어리석게 보이는 전도의 말씀으로 믿는 사람을 구원하려 하셨습니다.
>
> 고전 1:21

2012년 런던 올림픽은 8월 12일 화려한 폐막식으로 막을 내렸습니다. 이 올림픽은 우리가 대한민국 국민인 것을 얼마나 자랑스럽게 여기게 했는지 모릅니다. 13개의 금메달에 올림픽 종합성적 5위의 혁혁한 성과를 거두었습니다. 새벽에도 우리는 자지 않고 선수들 응원을 했으며 우리나라 축구팀이 일본을 꺾고 올림픽에서 처음으로 동메달을 획득했을 때는 국위 선양이 그렇게 자랑스러울 수가 없었습니다. 여자양궁 단체전 7연패를 선두로 여자 배구 준결승 진출, 한국싱크로 듀엣 12년 만의 결승 쾌거, 양학선의 한국 체조 52년 만의 금메달 획득, 유도 김재범 선수의 81kg급에서 금메달 획득 등은 우리의 마음을 흐뭇하게 했습니다.

그런데 이 화려한 올림픽 경기의 배후에서 이름 없이 국제스포츠 연맹을 중심으로 이루어진 복음 선교는 참으로 귀한 것이었다고 생각합니다. 우리나라에서도 한국 복음주의 협의회의 중앙위원이었던 송용필 목사는 런던 올림픽 선교회 채플린으로 현지에 가서 올림픽을 통한 복음전파를 하였습니다. 올림픽 빌리지 밖에서 태권도 시범을 보이며 사람들이 많이 모이면, 선수들이 간증하면서 복음을 전파하는데, 시간과 장소를 정하여 유명 선수들이 간증할 것이라고 광고하면 더 많은 청중이 모였다고 합니다. 그런 자리에서 우리나라 유도에 금메달을 탄 김재범 선수의 간증은 많은 사람에게 감동을 주었습니다. 그는 왼쪽 팔꿈치와 왼쪽 무릎을 다치고 왼쪽 손가락 인대가 끊어지는 중상을 입어 감각이 없었는데 오른팔과 오른 다리로 세계 정상에 올라 금메달을 딸 수 있었던 것은 전적인 하나님의 은혜임을 밝히며 하나님께 영광을 돌렸을 때 많은 사람이 감동했다고 합니다. 이는 하나님을 아는 지식을 전했기 때문이 아니라 삶으로 하나님을 만난 경험을 간증했기 때문이었습니다. 전도는 자신이 먼저 하나님과의 관계를 새롭게 하고, 기도하고, 사람(상대방)과의 관계를 맺고, 내 이야기를 나누고, 마지막으로는 예수 그리스도의 이야기를 전하는 것이 순서라고 합니다. 이것은 세상 사람의 눈에는 더디고 효율성이 없는 어리석고 '미련한' 방법입니다. 그러나 이것이 하나님께서 원하시는 방법입니다. '교회에 나오면 헤어드라이어를 준다. 교통비 5,000원을 현찰로 준다. 음식을 대접하고 선물을 준다. 와보라. 우리 교회의 프로그램과 목사와 건물을 보라.' 이런 말은 세상 사람들이 보기에 '미련하고 더딘' 전도의 방법이 아니라 너무나 세상에 익숙하고 하나님과 교회를 욕먹게 하는 세속적 방법입니다. 하나님은 먼저 소개받고 알고 믿는 것이 아니라 먼저 믿고 한 걸음씩 알아가는 것입니다. 교회에 데려와 하나님을 소개하는 것이 전도가 아니라 내가 경험한 것을 간증해서 공감을 얻는 것이 먼저라고 할 수 있습니다. 우리는 '전도의 미련한 것'이 어떤 것인지 깨달을 필요가 있습니다.
(2013.05.15.)

44

실감이 나지 않는다

> 한 음성이 다시 들린다. '너는 외쳐라.', '내가 무엇을 외쳐야 합니까?', '모든 인간은 풀과 같고 그 영광은 다 들의 꽃과 같아서 / 여호와의 입김에 그 풀이 마르고 꽃이 시드니 참으로 사람은 풀에 지나지 않는구나.'
>
> 사 40:6~7

오랜만에 미국에 있는 자녀들 집을 방문하기로 하고 짐을 싸기 시작했는데, 아내는 떠나는 전날까지 실감이 나지 않는다고 했습니다. 한때 우리가 학생으로 살았던 미국인데, 이제는 자녀들이 사는 미국에 간다는 것이 실감이 나지 않는 것입니다. 그때가 아득한 옛날처럼 느껴지는 것이지요. 한국에 와서 교회 다니고, 교인들과 어울려 봄나들이도 가고, 시장도 가고, 홈쇼핑도 하고…. 이렇게 시간 가는 줄 모르고 살다 보니 여기 말고 다른 세상은 없었던 것 같은, 혹은 꿈속에서나 그런 곳은 다녀온 것 같은 생각이 드는 것입니다. 참삶은 집을 가지고 지인들과 함께 사는 여기에 있고, 그쪽 삶은 이곳의 그림자거나 꿈같은 느낌이 들어서겠지요.

교회에서 성경 공부를 인도하는데 한 여자 권사가 새삼스럽게 나를 뚫어지게 바라보고 있더니 "장로님은 왜 그렇게 야위셨어요.

너무 왜소해지셨네요."라고 말하는 것이었습니다. "죽을 날이 가까워지면 몸도 야위고 백지장처럼 가벼워지는 것 아니요?" 이렇게 대답하면서 돌아가신 어머님이 그렇게 야위고 가벼워졌다는 생각을 하게 되었습니다. 그러면서 갑자기 이곳이 진짜고 천국이 그림자일까, 천국이 진짜고 이곳 삶이 그림자일까 생각해 보았습니다. 천국은 가 본 적이 없지만 "내 본향 가는 길…"이라고 찬송도 부르고 "내가 가서 너희를 위해 있을 곳을 마련하면 다시 돌아와 너희를 데리고 가서 내가 있는 곳에 너희도 함께 있게 하겠다. (요 14:3)"라는 예수님의 말씀을 늘 읽고 있는 터라 그곳은 가 본 것처럼, 분명한 본향이었습니다. 생각해 보면 그곳은 영생할 곳이고, 이곳은 길어야 100년이기 때문에 영원과 비교하면 100년은 한 점과 같은 순간이어서 이곳이 진짜 삶이라는 생각은 들지 않았습니다. 그래서 이런 한순간을 살다 떠나는 인간의 육체는 풀과 같고, 그 모든 아름다움은 들의 꽃과 같을 뿐이라고 이사야에게 외치라는 말이 실감이 났습니다.

　인천에서 댈러스까지는 12시간 반인데, 아침 11시에 출발했으니 밤 11시 반까지 달려야 합니다. 그런데 그곳에 도착하면 다시 아침 9시 반이니 또 한 번 뜬 눈으로 하루를 지내야 합니다. 그런 것을 생각하며 잠을 청하는데, 잠이 오지 않습니다. 저는 기내 영화인 〈레미제라블〉을 보고 또 〈반창꼬〉를 보았는데, 시계를 보니 아직도 도착까지 7시간이 남았습니다. 잠을 자야 저쪽 세상으로 가는데, 충분한 준비를 못 하고 도착하겠다는 생각을 하고 있는데,

시간이 지나 몽롱한 정신 가운데 그곳에 도착했습니다. 고층 빌딩도 없는 황량하고 넓은 세상입니다. 그러자 한국의 삶이 벌써 꿈 같습니다. 도토리들이 키를 재고, 더 잘 살겠다고 욕하고, 미워하고, 싸우고, 상처 주고, 상처받던 시절이 있었는데, 그 삶이 꿈같이 느껴지고 덧없이 느껴졌습니다.

이처럼 언젠가는 천국 가는 짐도 싸야 하는데 그때도 실감이 나지 않겠지요? (2013.05.29.)

45

나이아가라 여행

> 그리고 그들에게 선을 행하고 선한 일에 부요하며 나눠 주기를 좋아하고 남의 어려움을 깊이 동정하는 사람이 되라고 가르치시오.
>
> 딤전 6:18

저는 이번에 보스턴에 사는 아들 집에 갔는데, 9년 만에 다시 우리 부부가 나이아가라 여행을 하기로 하였습니다. 쉬지 않고 승용차로 8시간만 달리면 갈 수 있는 거리였지만 80이 넘은 나이여서 오가는 길에 시러큐스에서 하룻밤씩 묵고 3박 4일로 다녀오기로 하였습니다. 여행이란 돈에 인색하지 않고, 시간에 인색하지 않고 여유 있는 태도로 가야 기쁨이 있다는 것을 잘 알고 떠났습니다.

나이아가라 폭포는 캐나다 쪽에 있는 말발굽 폭포와 미국 쪽에 있는 미국 폭포로 되어 있는데, 오대호의 이리호에서 온타리오호를 잇는 곳에 있습니다.

저는 아들이 예약해 준 대로 캐나다 쪽의 '엠비시 스위트'라는 호텔로 들어갔습니다. 일박 20만 원($200)이 넘는 고급 호텔입니다. 돈 많은 한국인 여행객도 많았습니다. 절차를 밟는데 폭포가 보이는 전망이 좋은 방이냐고 물었더니, 그런 방을 원하면 8만 원을 더 내야 한다는 것이었습니다. 여행할 때는 돈 쓰는 게 자유로워야 한다는 신조로 그렇게 해 달라고 했습니다. 그런데 이제는 발레파킹(Valet)은 어떻게 하겠느냐고 묻는 것입니다. 열쇠를 맡겨 놓으면 길 건너 주차장에 주차해 주는데 주차장까지 오전 7시부터 오후 2시까지 셔틀을 운행하고 있어서 그걸 타고 가서 자가 운전하는 경우는 2만 원, 호텔 종업원이 입구까지 차를 갖다주는 것은 4만 원을 내야 한다는 것이었습니다. 저는 좀 인색해져서 2만 원 주차 쪽으로 하겠다고 했습니다. 37층으로 올라와 보니 정말 경관이 좋았습니다. 이제는 아들에게 전화할 수가 없어 아이패드(iPad)를 쓰기 위해 와이파이(Wi-Fi) 연결을 시도했는데, 이 고급 호텔에서 연결이 안 되는 것입니다. 호텔 측에 연락했더니 와이파이를 쓰려면 만 원을 더 내야 한다며 그렇게 하겠느냐고 묻는 것입니다. 아무리 돈에 인색하지 않으려 해도 기분이 나빠졌습니다. 이건 손님의 돈을 훔쳐 가는 것 같은 느낌이 들었습니다.

바울은 디모데를 통해 부자가 되기를 원하는 사람은… 파멸과 멸망에 빠지며(딤전 6:9), 부한 자들은 좋은 일을 많이 하고 아낌없이 베풀고, 즐겨 나누어주라(딤전 6:18)고 했는데 비록 저는 부하지 않지만, 여행까지 와서 왜 주는 것에 이렇게 인색한 생각을 하게 될까 하고 뉘우치기도 했습니다.

호텔을 떠날 때 침대 머리맡 전등 밑을 보니 방 청소 하는 분이 써 놓은 작은 봉투가 보였습니다. 이건 팁을 내놓고 가라는 것이 분명하여 호주머니를 뒤졌더니 제일 작은 지폐가 2만 원권이었습니다. 중국 여행을 하는 동안 가이드가 늘 강조한 것은 호텔 방을 떠날 때는 꼭 천 원짜리 지폐를 하나 놓고 나가라는 것이었는데, 2만 원은 좀 많다는 생각이 들었습니다. 그러나 저는 이것이야말로 '즐겨 나누어 주는 것'이라고 생각으로 중국 여행 때의 20배를 넣어 놓고 나왔습니다. (2013.06.05.)

46

새벽 기도

> 여호와여, 주는 아침마다 내 소리를 들으실 것입니다. 내가 주께 기도하며 간절한 마음으로 주의 응답을 기다리겠습니다.
>
> 시 5:3

　세계에서 우리나라에만 있다는 새벽 기도는 말썽이 많습니다. 새벽 기도 때문에 너무 힘들어 교회에 못 다니겠다고 말하는 사람은 새벽 기도가 성서적인가? 성경에 새벽 기도 하라는 말이 있는가? 왜 꼭 교회에 나가서 새벽에 기도해야 기도 응답을 받는가? 적어도 중직자(장로, 권사, 안수집사 등)는 반드시 새벽 기도에 나와야 한다는 것은 율법주의가 아닌가? 새벽 기도 때문에 가정이 깨진다는 등 말이 많습니다. 반면 새벽 기도를 열심히 드리는 사람은 왜 새벽 기도를 싫어하는지 이유를 알 수가 없다고 합니다. 습관처럼 아침 일찍 일어나면 새벽 기도 하러 교회에 나가는 것이 당연한 일인데, 그것을 싫어하는 이유를 알 수가 없답니다. 새벽 아직도 밝기 전에 예수님께서도 기도하러 가셨는데, 예수님을 따르는 자가 게으름을 피울 수가 없는 일입니다. 하루를 시작하기 전 주님과 교제하고 시작하는 것은 얼마나 기쁜 일인가? 한 시간만 인터넷이 안 되어도 신경질을 내는 사람이 눈을 뜨자마자 하나님과 만나지 않고도 아무렇지 않은가? '새벽 기도 하는 교회가 부흥한다. 새벽에 일찍 일어나면 건강에 좋다. 어머니가 아무리 어려워도 성미(교역자에게 한 술씩 떠 놓았다가 바치는 쌀)를 드리고 새벽마다 기도를 드렸더니 아들이 훌륭한 목사가 되었다'는 등 하는 말은 구차한 이야기입니다. 새벽 기도를 드리는 사람은 이유가 없습니다.

  제가 아는 한 대학 교수는 6년째 매일 새벽 기도를 드리고 있는데, 특별한 이유가 있었던 것도 아니고, 작정해서 시작한 것도 아니고, 어쩌다 보니 그렇게 되었다고 합니다. 처음에는 자기가 새벽 제단을 쌓는 줄 알았답니다. 일천 번째 헌금을 아들 이름으로, 또 딸 이름으로 바치며 좋은 대학에 들어가고, 좋은 배필을 맞게 해 달라고 벽돌을 하나씩 쌓아 올리듯이, 제단을 쌓아 가는 사람처럼 자기도 그렇게 하는 줄 알았답니다. 그런데 언제부턴가 새벽 예배는 자기 삶에서 받은 가장 큰 복이라는 것을 깨달았다고 합니다. 자기를 새벽에 불러 주시는 것은 하나님의 은혜라는 것을 말입니다. 언젠가 아주 나이가 많이 들어서 건강이 받쳐 주지를 않아서 새벽 예배에 갈 수 없는 때가 오게 되면 참 슬플 것이라는 생각도 했다고 합니다. 그러면서 그분은 유튜브(youtube)에 올려진 〈저 장미꽃 위에 이슬…〉이라는 찬송을 보내왔습니다. 저는 그 찬송을 들으며 새벽예배를 마치고 돌아오는 그분을 생각했습니다. 장미는 아침 동트기 전이 제일 아름답다고 합니다. 장미꽃 위에 은혜처럼 내린 이슬을 보며 감사하는 모습이 어느 설교의 영상보다 아름다 웠습니다.

저 장미꽃 위에 이슬 아직 맺혀 있는 그 때에 / 귀에 은은히 소리 들리니 주음성 분명하다 / 주님 나와 동행하면서 나를 친구 삼으셨네 / 우리 서로 받은 그 기쁨 알 사람이 없도다.

(2013.06.12.)

47

설명과 본보이기

> 그가 나를 푸른 풀밭에 쉬게 하시고 잔잔한 물가로 인도하시며
> 시 23:2

하나님께서는 언제나 설명하지 않으시고 앞장서서 본을 보이시고 행하십니다. 어디 가면 푸른 풀밭이 있고, 쉴 만한 물가가 있다고 설명하지 않고 우리를 인도하고, 그곳에 누이십니다. 언제 어디로 떠나는 것이 좋다고 설명하지 않고, 필요한 시간에 필요한 곳이면 불기둥과 구름 기둥으로 인도하십니다. 사랑은 어떻게 하는 것이라고 가르치지 않고, 물을 떠서 허리를 동이고 제자들의 발을 씻어 줍니다. 너희가 '땅끝까지 이르러 내 증인이 되리라.'라고 말씀도 하시지만, 땅끝이라고 생각되는 사마리아에서 우물가의 여인에게 전도하는 것을 보이십니다. 그분은 언제나 우리 앞에서 우리를 인도하고, 행하십니다.

이번에 저는 지상에서 두 번째로 강했다는 토네이도로 큰 피해를 본 오클라호마의 모어(Moor)시를 방문했습니다. 24명이 숨지고 400여 명이 부상당했으며, 1,200채의 가구 파손과 20억 달러 규모의 재산 피해를 보았다는 곳입니다. 댈러스의 '빛내리' 교회에서 피해 지역 자원봉사를 나가는 곳을 따라나선 것입니다. 나이가 많아 봉사는커녕 혹이 된다고 말리는 사람도 있었지만 가고 싶었습니다. 3시간 반쯤 달려서 '자원봉사자 본부'에 도착했습니다. 그곳은 이미 여러 곳에서 모여든 자원봉사자들로 북적이고 있었고, 본부에서 봉사자 서명을 하자 장갑, 삽, 갈퀴, 쓰레기 봉지와 통 등 여러 장비를 공급해 주었습니다. 놀란 것은 이곳에 와서 여러 날 동안 봉사하는 분들을 위해 호텔에서 쓸 치약, 칫솔, 자외선 차단 크림, 풀벌레를 쫓는 스프레이 등이 준비되어 있을 뿐 아니라 옥외에는 천막을 치고 점심을 준비하고 있는 자원봉사자들도 있었습니다. 이 나라는 자원봉사 천국입니다. 어려운 일이 닥쳤다고 하면 먼저 '자원봉사자 본부'에 필요한 금전을 기증하고, 먼 곳에서부터 달려와 이곳에 머물면서 봉사를 하는 것입니다. 먼 루이지애나주 뉴올리언스에서 11시간 이상을 달려와서 며칠 밤씩 묵어 가며 봉사를 하는 무리도 있었습니다. 8년 전 자기네 시가 허리케인 '카트리나'로 물에 잠겼을 때, 자기들을 도와준 은혜를 갚아야 한다는 것입니다. 그러나 주고받는 것과는 상관없이 많은 사람이 와 있었습니다. 뒤늦게 안 일이지만 댈러스의 '빛내리' 교회는 이 봉사단에 끼기 위해 큰 노력을 했다고 합니다. 미국 적십자사에 연락했는데, 며칠 동안 돕겠느냐고 물어서 단 하루라고 했더니 그런 단체는 적십자사에서 직접 취급할 수 없으니 모어시의 '자원봉사 본부'에 연락해 보라고 해서 그곳으로 연락해서 겨우 봉사 자리를 얻었다고 합니다.

누가 이렇게 보낸 것입니까? 주께서 앞장서서 봉사하고자 하는 마음을 가진 사람들의 군대를 동원한 것입니다. 사람은 도와야 한다고 말을 하지만, 하나님은 돕고자 하는 사람들을 스스로 데리고 앞장서신 것입니다. (2013.06.19.)

48

나그네의 집

> 내가 가서 너희를 위해 있을 곳을 마련하면 다시 돌아와 너희를 데리고 가서 내가 있는 곳에 너희도 함께 있게 하겠다.
>
> 요 14:3

　예수님께서는 천국에 가서 우리 있을 곳을 마련하면 우리를 데려가시겠다고 하십니다. 이것은 우리가 지상에 사는 동안 나그네로 살면서 영주할 거처가 없는 것을 불쌍히 여기셔서 하시는 말씀입니다. 정말 우리는 지상에 영원한 거처가 있다고 생각하며 살아온 것일까요?

　이번에 저는 막내아들과 함께 31년 전에 학위 논문을 남겨 놓고 교편을 잡았던 시골 대학을 방문하기로 했습니다. 미국에 와서 주말에 어디 가고 싶은 곳이 없느냐는 아들의 말에, 고생하며 살던 그곳이 갑자기 가 보고 싶어졌습니다. 댈러스의 한인 장로교회에서 200마일쯤 떨어진 곳입니다. 아들이 어린 중학생 때였는데, 3시간 반이 걸리는 거리를 2년 이상 다녔던 곳이기도 합니다. 교회의 손 권사님이 한번은 심방을 왔다가 너무 놀라서 이 먼 거리를 중고

차를 타고 다니면서 무사히 교회 생활을 한다는 것은 놀라운 일이라고 말하며, 하나님의 은혜를 찬양하고 계속 기도해 주시겠다고 약속한 일도 있었습니다. 그러나 저는 학위도 없고, 영주권도 없고, 영어 원어민도 아닌 학생에게 전임강사 자리를 준 이 대학의 부총장이 정말 고마워 그런 어려움은 큰 문제가 아니었습니다.

제가 이번에 가면서 놀란 것은 가는 도로변 도시들이 너무 많이 변한 것이었습니다. 좀 큰 도시라면 그랜베리(Granbury), 스티븐빌(Stephenville), 코만치(Comanche)인데, 모두 몰라보게 변했습니다. 숙박 업소, 유락 시설, 음식점 등이 많이 늘었으며, 특히 놀란 것은 현대와 대우차의 영업점들이 그랜베리에 생긴 것이었습니다. 제가 근무한 하워드페인(Howard Payne) 대학교는 많은 변화를 겪고 있었습니다. 학생 수는 많지 않지만 1889년에 세워져 120년의 역사를 가진 대학인데, 초창기에 지어져 대학의 상징이었던 Old Main Hall은 제가 떠난 지 얼마 안 된 1984년의 화재로 완전히 소실되고, 대신 그곳은 광장이 되고 기념탑이 세워져 있었습니다. 제 사무실이 있었던 건물도 새로 개조되어 있었으며, 지금도 과학관으로 그 작은 대학 속에 수학과는 연구실과 함께 건재하고 있는 것을 보고 놀랐습니다. 우리나라는 입학생이 없으면 폐과해 버리는데, 이 작은 대학에서 수학과를 유지하고 있다는 것이 신기했습니다. 캠퍼스 내에 제가 살았던 집은 사라지고 부부 학생들의 아파트가 세 채 세워져 있었습니다. 우리가 살던 집은 세 그루의 피칸 나무로 겨우 위치를 알 수 있을 뿐이었습니다. 애들과 함께 나그네로 살았던 제가 영원히 남아 있을 집을 찾는다는 것은 있을 수 없는 일입니다.

  이제는 저를 심방 왔던 목사님도, 권사님도, 나를 그곳에 있게 한 총장이나 부총장도 또 당시 나를 지도해 주셨던 지도 교수도 다 가셨습니다. 늙으면 가까운 글씨가 안 보이고 먼 곳만 잘 보이는 것처럼, 이제는 있어야 할 곳에 있을 분이 안 계시는 건 당연한 일입니다. 이제는 먼 나라의 영원한 거처가 똑똑히 보여서 행복할 뿐입니다. (2013.07.03.)

49

가짜와 진짜

> 그러자 악한 귀신이 '나는 예수님도 알고 바울도 아는데 도대체 너희는 누구냐?' 하고 대답하였다. / 그리고서 귀신 들린 사람이 그들에게 달려들어 모두 때려 눕히자 그들은 상처를 입고 벗은 몸으로 그 집에서 도망쳐 나갔다.
>
> 행 19:15~16

바울이 에베소에서 놀라운 능력을 행하자 이에 귀신 쫓아내는 사람으로 행세하며 떠돌아다니는 몇몇 유대 사람도 바울이 전파하는 예수를 힘입어서 "내가 너희에게 명령한다." 하고 말하면서, 악귀 들린 사람들에게 주 예수의 이름을 이용하여 귀신을 내쫓으려고 시도하였습니다. 특히 스게와라는 유대인 제사장의 일곱 아들도 이런 일을 하다가 귀신이 그들에게 "나는 예수도 알고 바울도 알지만, 당신들은 도대체 누구요?" 하고 달려들어 망신을 당했습니다. 가짜가 진짜가 될 수가 없습니다. 저는 기독교 대학의 동료 교수가 기도란 시편이나 잠언의 그럴듯한 말에 자기 말을 좀 섞으면 기도가 된다는 말을 듣고 깜짝 놀랐습니다. 그것이 진정 하나님께 올리는 기도며, 그런 기도로 학생들을 기만해도 될지 걱정했습니다.

한때 로버트 슐러 목사는 '적극적인 사고'를 주장하며 감동적인 설교를 TV를 통해서 했었습니다. "여러분이 꿈꿀 수 있다면 여러분은 그 일을 할 수 있습니다."라고 말하면 자살도 포기하고 다시 일어날 힘이 생겼다고 합니다. 장애인으로 미 대륙을 횡단한 분을 강단에 초청해서 문답하는 내용을 TV로 방영하면 바로 병원의 장애인 환자가 희망을 품고 일어섰다는 반응이 왔고, 그러면 또 그 병자를 인터뷰하는 내용이 <능력의 시간>으로 방영되었습니다. '나도 할 수 있다'라는 적극적인 사고가 얼마나 당시 잠든 교회를 깨웠는지 모릅니다. 1955년 역경을 디디고 승용차 안에서 영화를 관람하는 드라이브인 야외극장을 사서 교회를 시작하고, 10년도 되기 전 교회를 확장하여 높은 교회 건물뿐 아니라 야외에 500대도 넘는 차를 수용하는 드라이브인 교회를 만들었으며, 1968년에는 대지를 더 구매해서 교회를 확장하고, 1980년에는 만개가 넘는 세모 유리로 된 벽면을 가진 수정교회(Crystal Cathedral)를 완공했으며, 세계에서 몇째 안 가는 파이프 오르간을 들여놓았습니다. 이제는 세계가 영상으로 그의 설교를 듣는 교구가 되었으며, 실제 낙타까지 동원한 크리스마스 연극(Glorious Christmas)은 어린애들이 즐겨 보는 성탄 연극이 되었습니다. 그런데 갑자기 슐러 목사가 은퇴한 6년째에 교회는 파산 선고를 하고 가톨릭 오렌지 교구가 이를 사들여 지금은 3년간 수정교회가 세를 내서 예배를 드리고 있다고 합니다. 형식만 갖춘 가짜 교회였을까요?

저는 친구가 병으로 교회를 나오지 못해 심방하려고 전화를 했더니, 집에서 통원 치료를 하고 있으니 더운 여름에 오지 말라고 했습니다. 너무 땀이 나고 더워서 견딜 수가 없는데, 병원에서도 원인을 찾을 수 없으며 당뇨 때문에 오는 합병증이라고만 설명한다는 것이었습니다. 그러면서 신유(神癒)의 은사를 받은 안수하는 분을 알면 그런 분이나 소개해 달라고 했습니다. 초등학교도 안 나왔지만, 안수로 많은 병자를 고친 기도원 원장 이야기를 들었지만, 저는 그분을 소개하지 못했습니다. 요즘은 가짜가 판을 쳐도 그를 혼내 줄 착한 악귀 들린 사람이 나타나지 않기 때문입니다.
(2013.07.31.)

50

예수님의 제자

> 너희가 서로 사랑하면 모든 사람들이 그것을 보고 너희가 내 제자라는 것을 알게 될 것이다.
>
> 요 13:35

　80년 만에 처음이라는 가장 길었던 장마가 걷히자 이제는 간헐적인 국지성 호우와 함께 폭염이 계속되었습니다. 노약자는 한낮에 외출을 삼가라는데 우리는 5일 만에 한 번 서는 재래시장을 안 갈 수가 없었습니다. 아내는 이 더위에 물김치를 담가야 한다고 해서 혹 마트에서 담가 놓은 것을 살 수 없을까 하고 먼저 가 봤지만, 이는 마음에 들지 않은 모양이었습니다. 이제는 힘든 일을 못 하는데 그래도 고집해서 다시 오일장으로 발길을 돌렸습니다. 손수건으로 계속 땀을 닦아 가며 열무 한 단을 샀습니다. 집에서 직접 농사를 지은 무공해 열무냐고 꼼꼼히 물어서 부추 한 줌을 덤으로 얻어 집으로 왔습니다. 시장에서 담가 파는 것은 무엇을 넣었는지 제맛이 안 난다면서 자기가 직접 담가야겠다는 것입니다.

　아파트에 들어오자 앞뒤로 문을 활짝 열어도 더운 바람만 들어

와서 할 수 없이 문을 닫고 에어컨을 켰습니다. 모든 가정이 12시부터 오후 5시 사이에는 에어컨이나 선풍기 사용을 자제해 달라는데 이 폭염 경보 가운데 저를 위해서 열무 물김치를 담가 주겠다니 에어컨을 안 켤 수 없는 일입니다. 손질한 열무를 소금물에 절인 후 홍고추를 믹서에 갈아 3시부터는 본격적인 작업이 시작되었습니다. 실시간 전력사용 상황실에서는 '전력 수급 비상 주의보'를 발령하고 불요불급한 전력사용을 억제해 주고 특히 에어컨과 선풍기는 자제하고 큰 공장에서는 기계 가동률을 50%로 줄여 달라는데 아내는 땀을 흘리고 있어 어쩔 수가 없습니다. 이제는 김치를 버무리는 마지막 단계가 되어 다급하게 저를 부릅니다. 침실에 가서 빨리 손수건을 가지고 오라는 것입니다. 아내의 기억력은 반드시 정확하지는 않습니다. 그래서 침실과 거실을 다 찾아 손수건을 가져갔습니다. 빨리 오지 않고 뭘 하느냐고 고춧가루가 묻은 손을 위로 들고 크게 소리치며 속히 얼굴의 땀을 훔치라는 것입니다. 그곳이 아니고 눈을 닦으라며 땀이 눈에 들어가지 않게 빨리 닦으라는 것입니다. 어떻게 합니까? 이렇게 힘든 일을 저를 위해 해주고 있으니 저도 최선을 다해 그녀를 위해 봉사로 사랑의 표현을 해야지요.

주께서는 "너희가 서로 사랑하면 이로써 모든 사람이 너희가 내 제자인 줄 알리라."고 하셨습니다. 제가 당연히 사랑해야 할 사람을 사랑해도 모든 사람이 저를 보고 예수님의 제자라고 생각을 할까요? 그럴 것입니다. 우리나라는 부부 이혼율이 세계 제일로, 깨어진 가정이 많으며 부인을 토막 내서 살인하는 세상인데 노부부가 은혼식, 금혼식을 다 보내고 서로 의지하고 사랑하고 있으면 그래도 이 부부를 보면 예수님의 제자를 보는 것 같다고 말하는 사람도 있지 않을까요? 미운 사람까지 서로 사랑하는 것은 그다음 단계입니다. (2013.08.07.)

51

본받는 자녀들

> 형제 여러분, 여러분은 나를 본받으십시오. 그리고 우리를 본받아 생활하는 사람들을 지켜보십시오.
>
> 빌 3:17

"나를 본받으십시오."라고 말하는 바울의 말은 참으로 부러운 말입니다. 실수투성이의 우리는 감히 나를 본받으라는 말을 할 수가 없습니다. 바울은 자신뿐 아니라 자기와 동역했던(디모데와 에바브로디도) 분들까지 눈여겨보라고 말하고 있습니다. 한편 우리는 길든 양같이 비교적 지도자를 잘 본받는 사람들이라고 자부합니다. 부모가 하는 대로 따라 하고, 교사의 말을 잘 듣습니다. 목사님이 지시한 대로 따라 하며, 광장에서 군중들이 움직이면 따라 움직입니다. 이렇게 본받기를 잘하는 사람에게는 지도자가 문제입니다. 누가 지도자입니까? 아무것도 하지 않아도 나이가 들면 지도자로 인정을 받습니다. 그래서 "나를 본받으십시오."라고 하지 않아도 나를 본받는 사람이 생기기 마련입니다.

저는 이번에 아들 집에 가서 한 달 남짓 지냈습니다. 그때 아들과 며느리 그리고 손자 손녀들은 모처럼 만난 저희 부부를 보고 우리를 본받지 않았을까 걱정이 되었습니다. 제 손녀는 고등학교 1학년 때 대학 교육으로 월반한 학생으로, 얼마 전 우리나라 TV에서 〈공부하는 사람들〉이라는 특집 프로그램에서 영재학교(YAMS)라고 소개도 된 그런 과정을 하고 있습니다. 저는 그녀에게 뭔가 좀 잘해 주고 싶었습니다. 그러나 그 애와 저는 연령차(63세)가 있습니다. 언어 차(영어와 한국어)가 있습니다. 그리고 문화 차(미국과 한국)가 있습니다. 그래서 몇 마디 하기는 했지만, 서로 마음을 제대로 열지 못했습니다. 손녀는 그 과정을 끝내고 원하는 대학에 들어가려면 SAT 시험을 봐야 하는데, 제가 수학을 좀 도와줄 수 있을까 해서 의견을 냈지만 반응이 없어서 아무 일도 하지 못했습니다. 그녀에게 내가 보여 줄 수 있는 모습은 아침 5시 반에 일어나 한 시간쯤 산책하는 것과 컴퓨터를 통해 하루 성경 말씀을 보고 기도하는 것인데, 그녀는 8시가 넘어 일어나기 때문에 그런 부지런한 제 모습은 보여 주지 못했습니다. 아침에 여름 학기를 하기 위해 트랜싯(통학 열차)까지 태워다 주는 일은 했지만 몇 마디 말을 교환하지도 못했습니다.

한국으로 귀국해서 여름을 잘 지내고 있는지 알 수 없어 국제 전화를 했더니, 마침 그 손녀가 받았습니다. 어떻게 지내고 있느냐고 물었더니 "TV 보고 있어."라는 대답을 해 왔습니다. "안 돼. 공부해야지." 하는 소리가 튀어나올 뻔했는데, 참았습니다. 이어서 집안의 장손녀로 출발을 잘해야 하는데, 그럴 수 없다는 이야기도

하고 싶었습니다. 그런데 그녀가 자기의 즐거움을 위해 공부하지 장손녀로서 집안 명예를 위해 공부해야 한다는 생각을 하기나 하겠습니까? 그러나 그녀의 대답이 당당한 것이 저는 서운했습니다. 그러면서 우리가 그곳에 있을 때 이 층에서 계속 한국의 연속 방송을 한 달 내내 보고 왔다는 생각이 들었습니다. 우리를 TV를 보고 있어서 그렇게 대답이 당당했던 것 같습니다. (2013.08.14.)

52

잊고 있었다

> 술 따르는 신하는 요셉을 까마득하게 잊어버리고 기억하지 않았다.
>
> 창 40:23

　요셉이 갇혀 있던 감옥에 이집트 왕의 술잔을 올리던 시종장이 들어왔습니다. 마침 시종장이 꾼 꿈을 요셉이 해몽해 주었는데, 그는 그날부터 사흘 후 바로가 시종장이었던 그를 불러 직책을 되돌려주리라는 것이었습니다. 요셉은 모든 일이 잘 끝나면 그때 자기를 기억해 주며, 바로에게 자기 사정을 이야기해서 억울하게 갇힌 자기도 감옥에서 풀려나게 해 달라고 부탁을 하였습니다. 그러나 요셉의 해몽대로 풀려나서 직책이 회복된 시종장은 요셉을 기억하지 않고, 잊고 있었다는 것입니다. 엄밀히 말하면 시종장은 요셉에게 은혜를 입은 것이 아니고, 자기의 무고한 혐의가 풀려 왕 앞에 나갈 수 있는 것을 미리 요셉이 해몽해 준 것이기 때문에 사소한 일이라고 생각할 수도 있습니다. 그러나 요셉은 하나님께서 늘 자기와 함께하시는 것을 잘 알고 있었고, 또 꿈의 해몽은 하나님께서 하신 일이라고 말하며 하나님을 대언한 해몽이었는데, 시종장은 이것을 감사하게 받아들이지 못하고 소홀히 한 것입니다.

저도 최근에 크게 뉘우친 것이 있습니다. 스승의 날만 되면 졸업생들이 카드를 보내며 스승의 은혜에 감사하다고 감사 표시를 하는데, 저는 제가 은혜를 입은 스승을 기억하지 못하고 잊고 있었기 때문입니다. 빌리유 박사(Russell Gene Bilyeu)는 제 학위 논문 지도 교수입니다. 1982년 제가 학위를 받기까지 제 논문을 성심껏 지도해 주셨을 뿐 아니라 제가 경제적으로 어려울 때 지방 대학에 전임 강사로 취직하게 해 주신 분입니다. 그런데 한국으로 귀국한 후로는 몇 년 동안 편지도 하고 미국 방문 때는 댁으로 찾아뵙기도 했는데, 제가 대학을 은퇴한(1998녀) 후에는 까맣게 잊고 있었습니다. 올해 텍사스에 사는 아들을 방문했을 때 갑자기 그분이 생각나서 살아 계시기나 한지 모르겠다고 말했더니, 아들이 덴턴(Denton) 지방 신문의 부고 기사란에서 그분의 이름을 찾아냈습니다. 지난해(2012년) 3월 12일에 돌아가셨다는 것입니다. 그분은 사망 전 2년 전에 퇴직하여 가까운 시골의 아들 집에 가 계셨으며, 자기가 졸업한 고등학교의 농구팀 시합을 즐겼고, 그 나이에 기타를 배우고 녹지 보호를 위한 텍사스 환경 운동가이자 열렬한 조류 관찰자라는 것도 알게 되었습니다. 저는 그분과 잘 알고 교제한 것이 아니라 저를 지도해 준 한 교수로 겉만 알고 있었던 것입니다. 그래서 그를 잊은 것입니다.

저도 예수님을 그렇게 알고 있는 것이 아닐까요? '동정녀 마리아에게서 났으며, 하나님의 아들로 인간의 몸을 입고 지상에 오셔서 죄 없는 자로 우리를 대신해서 돌아가심으로 우리 인류를 구속하셨으며, 십자가에 처형된 후 3일 만에 부활하여 40일 동안 지상에서 계시다가 승천하여 하나님 우편에서 우리 인간을 위해 중보하고 계시는 분이다.' 이렇게 상투적인 것만 알고 있어서 그분과의 사귐을 갖지 못하고 사실은 그를 잊고 지내고 있는 것이 아닐까요? (2013.08.21.)

제2부
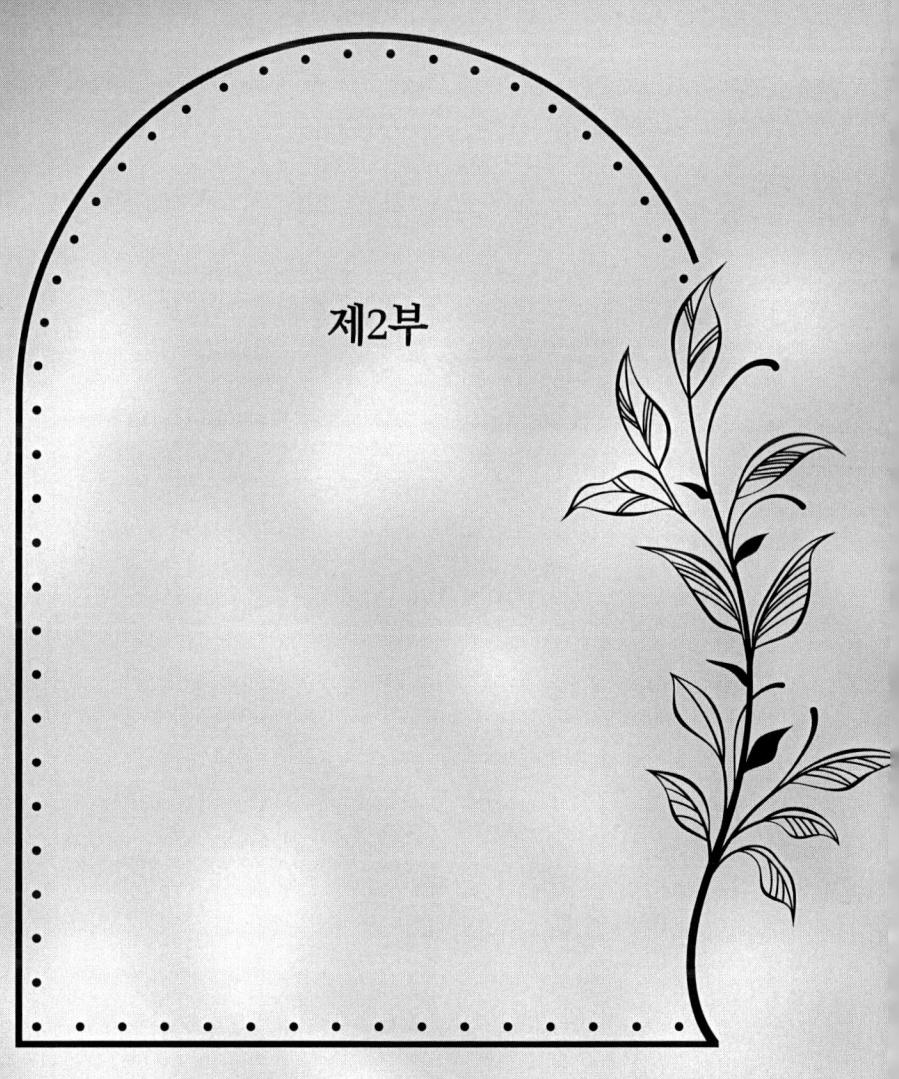

01 그만 기도하세요 · 177
02 성격이 불같은 사람 · 180
03 하나님 나라의 비밀 · 182
04 의미 있는 기다림 · 184
05 미처 깨닫지 못했습니다 · 187
06 왕 같은 제사장 · 189
07 이성과 믿음의 갈등 · 192
08 버리고 따르는 일 · 195
09 하와 할머니를 사랑합니다 · 198
10 까닭 없는 고난 · 201
11 깨닫는 마음 · 204
12 천국의 체험 · 207
13 패니 크로스비 · 210
14 하나님이 함께한 사람 · 213
15 더 받기를 원합니다 · 216
16 가난과 청빈 · 219
17 세상에 이런 교회도 있습니다 · 222
18 놀라운 주님의 기적 · 225
19 네가 이전에 가 보지 않았던 길 · 228
20 은퇴자가 구하는 것 · 230
21 선장들의 의식 개혁 · 233
22 십일조 이야기 · 236
23 와서 보아라 · 239
24 아버지의 유언 · 242
25 시끄럽다 · 245
26 염려하지 말라 · 248
27 흑백 논쟁 · 251

254 · 28 말이 없는 자연
257 · 29 전파되는 그리스도
260 · 30 성경 공부가 싫다
263 · 31 순종하는 기쁨
266 · 32 왼손이 모르게
269 · 33 눈먼 새
272 · 34 자기 의와 교만
275 · 35 초청
278 · 36 퇴적 공간
281 · 37 하나님의 평화
284 · 38 하나님의 형상
287 · 39 당회록
290 · 40 성령의 전
293 · 41 80 평생에 선정한 10대 감사
296 · 42 이름을 아는 것은 그 사람을 아는 것이다
299 · 43 은혜로 주신 은사
302 · 44 복 받은 자여
305 · 45 마귀의 자식
308 · 46 내가 책임지겠습니다
311 · 47 하나님이 주신 꿈
314 · 48 장막 집
318 · 49 복 많이 받으세요
321 · 50 가정 예배
324 · 51 목사를 칭찬하지 말라
327 · 52 바자회에 내놓지 못하는 옷

01

그만 기도하세요

> 이렇게 베드로는 감옥에 갇혔지만 교회는 그를 위해 하나님께 간절히 기도하고 있었다.
>
> 행 12:5

예루살렘 교회에 대한 박해는 시작되었습니다. 헤롯왕은 유대인을 기쁘게 하려고 야고보를 칼로 죽였습니다. 이제는 베드로를 유월절 후에 재판하려고 옥에 가두었습니다. 베드로는 두 쇠사슬에 묶여 두 군인 틈에서 잠들어 있었고, 문 앞에서는 파수꾼들이 옥문을 지키고 있었습니다. (행 12:6) 아무리 기도해도 베드로는 풀려날 가망이 없는 상황이었습니다. 그러나 마가라고 하는 요한의 어머니 집에 있던 교인들은 베드로가 풀려나기를 위해 간절히 기도하였습니다. 저도 가끔 산소마스크를 하고 3년 가까이 입원해 있는 한 장로의 부인을 교회에서 만나면 "장로님 때문에 얼마나 힘드십니까? 힘내십시오. 저도 매일 기도합니다."라고 말합니다. 그러면 그 권사님은 제발 하나님께서 우리 장로 빨리 데려가라고 기도해 달라고 대답합니다. "하나님께 그런 심부름 해 달라는 기도는 못

합니다."라고 하면 이제 그만 기도하라고 합니다. 안 돌아가시니 기도하는 사람이 많아 미안할 뿐이라고 합니다. 그러면서 "기도하면 마귀가 더 심술을 부린다잖아요?"라고 말하며 미안한 표정을 했습니다.

베드로는 풀려날 가망이 거의 없었는데, 풀려나 마가의 집을 찾아가 문을 두드렸더니 여종이 베드로의 음성을 듣고 베드로가 왔다고 말하자 모두 기도한 사람들은 그럴 수가 있느냐고 미쳤다고 말했습니다. 그들은 그냥 형식적으로 기도한 것일까요? 저는 기도를 그만두라는 권사님의 말을 듣고 가슴이 뜨끔하였습니다. 저도 "주여, 자비를 베푸시옵소서."라고 기도했지만, 그냥 형식적인 기도를 한 것을 권사님이 아시고 그런 말을 하지 않았을까 하고 생각했기 때문이었습니다. 입원해 있는 그 장로님은 예수를 잘 믿던 분이었습니다. 기도로 하나님과 교제하며 사셨는데, 이제는 그 구실을 못 하게 되었으니 기도를 중지하지 말고 살아 있는 제가 그분을 대신하여 중보 기도를 드려야 하는 것이 아닐까 하는 생각을 안 한 것도 아니었습니다.

저는 또 개인 병원을 잘 운영하고 계시는 한 원장님을 알고 있습니다. 그분은 모든 것이 부족한 것이 없어 보여 그분을 위해 기도해 본 적이 없습니다. 토요일 오후 늦게 병원을 방문할 일이 있어 들렀다가 인사를 하고 나오려는데 "여기까지 오셨는데 기도 좀 해 주고 가시지요."라고 하는 것입니다. 저는 깜짝 놀랐습니다. 기도가 필요 없다고 생각되는 분이 기도 요청을 한 것입니다. 저는 그때야 그분이 하나님과 함께 병원을 경영하고 계셨다는 것을 새삼 깨닫게 되었습니다. 그래서 저를 그 기도로 하나 된 기독교 공동체 안으로 초대하고 싶은 것을 알게 되었습니다.

하나님의 사랑을 받고 사는 우리는 기도를 포기할 만한 불행한 사람도 없고, 기도가 필요 없을 만큼 축복받은 사람도 없는 것 같습니다. 그리스도와 함께 십자가에 못 박혀 죽은 우리가 육적으로 살아 꿈틀거리는 것은 오직 성령을 따라 주와 함께 살기 위해서입니다. 주와 함께 사는 일은 기도가 필요하기 때문입니다. 서로 기도하며 마지막 날 기업의 상을 받기를 원합니다. (2013.08.28.)

02

성격이 불같은 사람

> 성질이 불 같은 사람은 그 결과에 대해서 자신이 책임을 지게 하라. 만일 그런 사람을 한번 구해 주게 되면 계속해서 그를 구해 주어야 할 것이다.
>
> 잠 19:19

잠언 19:19 절은 그 앞 절 "아직 희망이 있을 때 자녀를 징계하라. 그러나 죽일 마음은 품지 말아라."라는 말 뒤에 있는 말씀입니다. 그런데 우리는 자기 아들은 냉혹하게 훈계하지 않고 다른 사람에게는 불같이 화를 낼 때가 많습니다. 옛날에는 TV가 브라운관으로 되어 있었습니다. 그런데 거기 나오는 여배우 하나가 간사하고, 사기꾼이고, 못된 여자라고 어떤 성질 고약한 사람은 술을 마시고 브라운관에 컵을 던져 부숴 버린 일이 있었다고 합니다. 지금은 모니터가 LCD로 되어 있어 웬만한 그릇을 던져도 부서지지 않지만, 으레 저급한, 말도 안 되는 시나리오로 그런 배역들을 시켜서 말초 신경을 건드린다고 지금도 화면을 향해 손가락질은 하는 사람을 자주 봅니다. 그러나 술잔을 던지지는 않습니다. 미국에 있는 제 친구는 컴퓨터가 바이러스에 감염되고 너무 자주 먹통이 되는데, 신경이 곤두서서 권총으로 쏘아 버리고 싶다고 컴퓨터에 권총을 겨누는 사진을 보내온 일이 있었습니다. 쏘시는 못했지만, 그 때 불같이 화를 낸 것만은 분명합니다. 요즘 어떤 분들은 신문을 보면서 두고 볼 수 없을 만큼 나쁜 놈들이 많다고 신문을 찢어 버리고 싶다고 전화해 온 사람도 있습니다. 신문을 안 보면 되지 않느냐고 했더니 안 볼 수 없다는 것입니다. 그러면서 사람을 토막 내 죽였다든가, 어린애의 눈을 후벼 팼다든가 하는 기사를 보면 이가 갈리고 불같이 화가 나 견딜 수 없다는 것입니다. 또 어떤 사람은 주간지에서 저명인사들의 비리를 폭로한 기사나 집단 이기심으로 나라를 망치고 있는 꼴들을 읽으면 그 책을 찢어 버리고 싶다고 합니다.

건강에 가장 해로운 것은 스트레스라고 하는데, 자기 아들은 사랑스러워서 채찍질하지 못하고 사회의 기강을 어지럽히는 놈들은 자기 힘이 미치지 못해 엉뚱한데 화풀이하는 불같은 노여움은 어떻게 해결해야 할까요? 성경은 '성격이 불같은 사람'은 아무도 도와주지 말라고 합니다. 도와주면 그런 일이 되풀이될 것이기 때문이라는 것입니다. 그런 사람은 하나님의 징계를 자초하고 있으므로 그대로 두어야 한다고 합니다.

사회가 어지러울수록 술 마시지 말고, 마약에 손대지 말고 냉철한 이성과 판단력으로 자신을 극복해야 한다고 생각합니다. 우리가 할 수 있는 일은 우리가 사랑하는 자녀에게 채찍을 드는 것입니다. 채찍에 맞은 자녀가 많을수록 사회는 정화되리라 생각합니다. (2013.09.03.)

03

하나님 나라의 비밀

> 예수님은 이렇게 대답하셨다. '너희에게는 하나님 나라의 비밀을 아는 것이 허락되었으나 다른 사람들에게는 비유로 말한다. 이것은 그들이 보아도 알지 못하고 들어도 깨닫지 못하게 하기 위해서이다.
>
> 눅 8:10

예수님께서는 천국(혹은 하나님의 나라)을 여러 번 비유로 가르치셨습니다. 시간상으로 유한하고 제한된 장소에서 사는 인간에게 무한한 천국의 비밀을 가르치기 위해서 주께서는 비유를 쓰실 수밖에 없었을 것입니다. 마태복음 13장 안에서만 천국을 7가지 비유를 들어 설명하셨습니다. 그러나 역시 우리에게는 이해하기가 힘듭니다. 천국이 손에 잡혔는가 하면 이는 손을 빠져 저 멀리 날아가 버립니다.

마치 무리수 π(원주율)가 유리수 $3.14159265358979323846\cdots$ 등으로 아무리 소수 이하 숫자를 늘려 접근하려 해도 정확히 원주율이 될 수 없는 것과 마찬가지입니다. 제자들이 비유로 말씀하신 뜻을 예수님께 물었을 때 주께서는 천국 비유의 말씀을 다 설명하신 후, "이 모든 것을 깨달았느냐.(마 13:51)"라고 제자들에게 물었는데 "그러하외다."라고 그들은 대답했지만, 제자들도 천국의 비유를 확실히 이해했다고 생각되지는 않습니다. 주님은 한결같이 세 자인 '너희에게'는 하나님 나라의 비밀을 아는 것을 이미 허락해 주셨다고 했습니다. 하나님 나라의 비밀은 인간이 노력해서 알 수 있는 것이 아니고, 하나님께서 비밀을 열어 계시하시는 것이어서 영적이며 준비된 마음을 가진 자만 볼 수 있다는 것입니다. 그래서 우리가 하나님의 참 제자가 되면 우리는 영의 눈이 열려 하나님 나라를 알고 있어야 합니다. 주님께서는 "하나님 나라가 너희에게 가까이 와 있다. (눅 10:9)"라고 말했고 또 하나님의 나라가 어느 때에 임하느냐고 묻는 바리새인들에게는 "하나님의 나라는 볼 수 있게 임하는 것이 아니며 너희 안에 있다. (눅 17:21)"라고 말했습니다. 즉 하나님의 나라는 작은 유리수 체계에서는 접근할 수 없으며, 우리의 개념이 더 큰 실수 체계까지 확장되지 않으면 적중할 수 없다는 이야기입니다. 유리수는 아무리 접근해도 실수인 무리수가 될 수 없다는 이야기입니다. 유리수, 즉 이 세상의 한계 또는 이성의 한계로는 실수 즉 천국과 영의 세계는 이해될 수 없다는 이야기입니다. 성경에는 "여호와께서 말씀하셨다. 너는 가서 이 백성에게 너희는 계속 들어도 깨닫지 못하고 계속 보아도 알지 못한다고 말하라. (사 6:9)"라는 말씀이 있는데, 이는 우리가 유리수의 세계에 머물러 있으면 결코 실수의 세계를 이해할 수 없다는 이야기와 같다는 생각을 합니다. 주의 음성을 듣고 그분과 사귀며 영의 세계에 살지 않으면 결국, 하나님 나라의 비밀은 영원히 못 찾고 만다는 뜻이라는 생각을 합니다. (2013.09.10.)

04

의미 있는 기다림

> 시므온은 아기를 안고 이렇게 하나님을 찬양하였다. / '주권자이신 주님, 이제는 약속하신 대로 이 종을 놓아 주셔서 내가 평안히 떠날 수 있게 되었습니다.
>
> 눅 2:28~29

아기 예수가 하나님의 아들인 것을 알고 있는 사람은 그의 부모와 베들레헴 지역에서 양을 치던 목자뿐일 때의 일이었습니다. 예루살렘에 시므온이라는 사람이 있었습니다. 그는 그가 그리스도를 보기 전에는 죽지 아니하리라는 성령의 지시를 받은 사람이었습니다. 그런데 그가 성령의 감동으로 성전에 들어갔을 때 마리아가 아기 예수를 데리고 들어오는 것을 보게 되었습니다. 이때 시므온이 아기를 안고 하나님을 찬송한 노래가 윗글입니다. "주님, 이제 주께서는 주의 말씀을 따라, 이 종이 세상에서 평안히 떠나갈 수 있게 해 주셨습니다. (…)"라는 말은 그가 하나님께서 그를 파수꾼처럼 세우시고 구세주의 나타남을 기다리게 하시더니 이제 그 아기 예수를 만나고 안았으니 사명을 마치고 가게 해 주셨다는 것입니다.

이스라엘을 구원하실 구세주를 기다린다는 것은 얼마나 귀한 일입니까?

아일랜드의 소설가이며 극작가로 1969년 노벨 문학상을 받은 사뮈엘 베케트라는 분이 1953년에 파리의 바빌론 극장에서 초연한 희곡 『고도를 기다리며』라는 작품이 있습니다. 총 2막으로 된 희곡인데, 1막에서 황량한 시골길, 한 그루의 앙상한 나무만이 서 있는 언덕 밑에 떠돌이 에스트라공과 불라디미르가 나와 고도라는 인물이 나타나기를 기다립니다. 그를 기다리는 것이 그들의 삶의 이유입니다. 그가 누구인지, 언제부터 기다렸는지, 언제까지 기다려야 하는지, 왜 기다려야 하는지 그들도 모르고, 청중도 모릅니다. 다만 그들이 인내하며 기다리는 지루한 시간을 위해 서로 질문하고, 되받고, 욕하고, 운동하고… 하는 줄거리도, 사건도 없는, 대화하는 장면만이 계속됩니다. 떠돌이들도 지쳐서 '그만 가자'라고 합니다. 다음 대사는 '가면 안 되지!', '왜?', '고도를 기다려야지', '참 그렇지!' 그리고 다시 시작되는 의미 없는 대사를 청중들은 들어야 합니다. 그들의 삶에서 자신들의 의미 없는 삶을 보며 말도 안 되는 대화를 듣고 있어야만 하는 것입니다. 그들의 기다림에 한계가 왔을 때, 무대에 나타난 것은 고도가 아니라 한 양치기 소년이었습니다. 그는 고도는 오늘 밤에는 오지 못하고 내일 온다는 사실을 알리고 떠납니다. 그래서 2막이 시작되고 또 똑같은 고도를 기다리는 대화가 계속되고 막은 내립니다. 이 작품에 대해 수많은 견해들이 있었는데, 혹 기다리는 고도는 신이라기도 하고 자유라기고 했지만, 누군가가 작가에게 고도는 누구인가를 물었을 때 자기도 모른다고 답했다고 합니다. 그러면서 이 작품에서 신을 찾으려 하지 말라는 말도 했다고 합니다.

제2차 세계대전이 끝나고 사르트르의 부조리 실존 철학이 팽배할 때였습니다. 하나님이 없는 어두운 세상에 목적 없이 던져진 인간(실존)은 행동으로 자기 자신을 만들어 가야 한다며, 신이 없어 매우 불편한 심정을 토로하고 있던 때입니다.

시므온이 이스라엘의 위로인 메시아를 기다렸다는 게 얼마나 아름나운 기다림인지 새삼 느낍니다. (2023.10.16.)

05

미처 깨닫지 못했습니다

> 주께서 내 원수들이 보는 가운데 나를 위해 잔치를 베푸시고 나를 귀한 손님으로 맞아 주셨으니 내 잔이 넘치는구나. / 주의 선하심과 한결같은 사랑이 평생에 나를 따를 것이니 내가 여호와의 집에서 영원히 살리라.
>
> 시 23:5~6

아파트도 처음에는 썩 마음에 들어 사서 입주했는데, 살다 보면 싫증이 날 수도 있습니다. 사람의 마음은 간사한 것이어서 싫증이 나지 않았다 하더라도 남이 좀 좋은 집을 사서 옮기거나 새로 생긴 도시가 발전 가능성이 있어 그곳에 있는 아파트의 입주 희망자가 많으면 또 그쪽으로 옮기고 싶은 생각이 드는 모양입니다. 제 친구도 오래 살던 아파트를 빨리 팔고 새 아파트로 옮기고 싶은 생각이 들어 부동산 중개업소에 가서 집을 팔겠다고 했는데, 그곳 공인 중개사가 빨리 좋은 값에 팔려면 그 집의 장점을 잘 적어 가져오면 유리하다고 했다 합니다. 다음은 그가 쓴 자기 집 자랑입니다.

1. 공기가 너무 맑습니다. 눈에 눈물이 계속 나던 분이 내 집에서 며칠 지내고 간 뒤 그 증상이 사라졌습니다.

2. 교통이 편리합니다. 역까지 도보로 5분, 고속도로 IC까지 승용차로 5분이면 됩니다. 복잡한 도시 안에 살면 고속도로 진입로까지 30분도 더 걸립니다.
3. 시청, 면사무소, 은행, 보건소, 종합노인복지관, 병원, 도서관, 대형 할인점, 또 시골 오일장이 서는 곳 등이 승용차로 언제나 막히지도 않은 7분 거리에 있습니다.
4. 아파트 위치가 남향으로 여름에 시원하고 겨울에 따뜻하며 15층 건물의 5층으로 전망이 좋습니다. 지을 때부터 확장 공사를 해서 실용 면적이 넓으며, '이건 건축'이 만든 창틀이 너무 튼튼하고 방음이 완벽합니다.
5. 아파트 주변 조경이 잘 되어 있으며 산책로가 적당히 오르막길, 내리막길로 되어 있어 나이 드신 분이 운동하기도 적당하며 또 젊은 이들은 주변 산길을 통해 만들어진 '사계 솔바람 길'을 걸으며 율곡 선생의 제자인 사계 김장생 선생이 제자들과 학문 수양을 위해 사색하며 담소를 나눈 길목을 걸어 볼 수도 있습니다.

이렇게 써냈더니 그런 좋은 집을 내놓고 왜 이사를 하려고 하느냐고 묻더랍니다. 그래서 자기가 그렇게 좋은 곳에 사는지 미처 몰랐다면서 이사 안 하기로 했다고 대답하고 돌아왔다는 것입니다.

저도 예수님께서 제 목자가 되어 주신 것을 깨닫지 못했습니다. 제 원수 앞에서 저에게 상을 차려 주시고 머리에 기름을 바르시는 분임을 모르고 원망하기도 했습니다. 그분은 저를 "너는 내 것"이라고 말씀하셨습니다. (2013.10.30.)

06

왕 같은 제사장

> 그러나 여러분은 하나님이 선택하신 민족이며 왕 같은 제사장이요 거룩한 나라요 하나님의 소유가 된 백성입니다. 이것은 여러분을 어두움에서 불러내어 놀라운 빛 가운데 들어가게 하신 하나님을 널리 찬양하도록 하기 위한 것입니다.
>
> 벧전 2:9

'왕 같은 제사장' 또는 '만인제사론'은 1970년 초기에 장로교단에 많이 유행했던 용어였습니다. 제가 알기로는 그때 '평신도'라는 단어도 처음 교계에서 시선을 끈 단어였다고 생각합니다. '평신도'가 무슨 말인지도 모르는 상태에서 각 교회에 '평신도회'라는 조직을 만드는 것은 어려운 일이었습니다. 어떻든 장로 교단에는 평신도 전국연합회가 조직되어 있었는데, 각 지방 교회에는 평신도회라는 것이 없었습니다. 그래서 저는 각 교회를 다니며 세계의 복음화는 목회자의 힘만으로는 부족하며 방대한 잠재력을 가진 평신도가 앞장서야 한다고 설득하며 평신도회 점조직을 시작하게 되었습니다. 다음과 같은 내용이 유인책이었습니다.

하나님과 죄인 사이를 중보하시는 제사장은 예수님뿐이다. 그러나 구약에서 기득권을 주장하던 제사장은 예수를 버렸다. 그러나 하나님은 그들이 버린 산돌이신 예수님을 택하여 새로 지어져 갈 하늘나라의 머릿돌로 삼으셨다. 이제 그를 믿는 하나님의 자녀들은 예수님을 머릿돌로 자기를 벽돌로 자기 자리를 찾아 신령한 집을 지어가고 있다. 그래서 이에 참여한 평신도들은 모두 '택하신 족속'이요 '왕 같은 제사장'이요 '거룩한 나라'요 그의 '소유가 된 백성'이다.

저는 1972년부터 1975년 초까지 3년 동안 대전노회 평신도연합회장이 되어 교회마다 다니면서 위와 같은 논리로 각 지교회 평신도회를 조직하는 일을 맡았습니다. 그때 어려움에 부딪힌 일과 제 답은 다음과 같은 것이었습니다.

1. 하나님 밑에 목사, 장로, 안수 집사, 집사 그리고 평신도가 있는 것인데 제일 밑바닥 평신도들이 모임을 조직하여 무엇을 하겠다는 것인가?
답: 교회는 계급 사회가 아니다. 모든 구성원은 평신도다.

2. 교회마다 목사님이 제사장으로 계시는데 교인들이 다 자기가 제사장이라고 한다면 어쩌자는 것인가?
답: 주도권 쟁탈을 하자는 것이 아니다. 목사님은 지휘관과 같은 분이다. 예배를 드리는 집단은 모인 교회고, 교인이 세상에 나가면 흩어진 교회로 그때는 평신도가 불신자에게 제사장

이 되어 아름다운 덕을 선포하는 것이다.

3. 교회에는 이미 전도부가 있는데 또 평신도회를 조직할 필요가 있는가?

답: 전도부는 평신도회로 이름을 바꾸고 지금까지는 맡겨진 책임을 다하는 수동적인 위치에 있었지만, 이제는 제사장으로 길 잃은 양들과 하나님 사이 중보자의 위치를 회복해야 한다.

지금은 남평신도회가 남선교회로 이름이 바뀌었으며, 노회 남선교회장이나 전국 남선교연합회장이 되려면 맹렬한 선거 운동을 해야 한다고 합니다. 그러나 모든 남선교 회원들이 초심을 잃지 않고 자신이 왕 같은 제사장이라는 자부심을 가지고 하나님께 충성할 수 있게 되었으면 합니다. (2013.11.19.)

07

이성과 믿음의 갈등

> 여호와께서 모세에게 '놋뱀을 만들어 장대에 매달아 뱀에 물린 자마다 그것을 보고 살게 하라.' 하고 말씀하셨다. / 그래서 모세는 놋뱀을 만들어 장대에 매달아 두었는데 뱀에 물린 자마다 그 놋뱀을 쳐다보고 살아났다.
>
> 민 21:8~9

출애굽한 이스라엘 백성이 가나안을 곧바로 가지 못하고 에돔의 동쪽으로 우회하여 행진하게 되자 그들은 하나님과 모세를 불신하고 원망하였습니다. 그러자 여호와께서 불뱀을 보내어 백성을 물게 하니 많은 사람이 죽었습니다. 이 재앙 때문에 모세가 백성을 대신하여 기도할 때 하나님께서 모세에게 명하신 것은 구리로 불뱀을 만들어 기둥 위에 달라는 것이었습니다. 그리하면 누구든 이것을 바라보면 산다고 하셨습니다. 이성으로 생각할 때 말도 안 되는 소리였는데, 불뱀을 쳐다본 사람은 나음을 받았고, 그렇지 않은 사람은 죽었습니다.

지금 십자가에 달려 돌아가신 예수가 하나님의 아들임을 믿고 입으로 시인하면 다 구원을 얻는다고 하는데, 우리는 이건 상식적으로 말도 안 된다고 안 믿습니다.

저는 지난 11월 15일 밤 TV로 서울 월드컵 경기장에서 열린 스위스와 우리 축구팀의 국가대표 평가전을 보고 있었습니다. 스위스 팀은 세계 랭킹 7위라는데 우리 팀이 잘해 줄 수 있을까 하고 걱정하고 관람하고 있었는데, 전반전 6분 정도에 어처구니없이 선제골을 허용했습니다. 우리는 만회하기를 조마조마하며 보고 있었는데, 후반전이 되어도 쉬 만회가 안 되는 것입니다. 그런데 후반 13분 만에 페널티 킥을 얻은 우리 팀의 공을 홍정호 선수의 슛이 성공하여 동점이 되었습니다. 우리는 박수를 쳤고, 아파트의 다른 동에서도 환호성과 함께 손뼉 치는 소리가 들렸습니다. 얼마나 흐뭇했는지 모릅니다. 그런데 아내가 말하는 것입니다. 자기가 기도했더니 하나님께서 바로 응답해 주셨다는 것입니다. "말도 안 돼."라고 저는 놀라서 소리쳤지만, 아내는 진심으로 하나님은 그런 분이라고 믿고 있는 표정이었습니다.

평소에도 우리 가정에 기적적인 일이 일어나면 저는 "당신, 이 일을 위해 기도했어?"라고 물으면 "아니, 그러나 그렇게 되었으면 하고 생각했어."라고 대답하며 하나님은 생각만 해도 자기 뜻을 이루어 주시는 분이라고 말합니다. 1960년 아내가 첫딸을 임신했을 때의 일입니다. 아내는 전주의 예수 병원은 좋은 시설을 가지고 출산을 도와준다는 이야기를 듣고 광주에도 그런 시설이 있었으면 좋겠다고 간절히 소원했다고 합니다. 그런데 하나님께서는 그 생각을 아시고, 저희를 전주의 기전 학교로 취직하게 해 주셔서 어린 자녀 넷을 다 전주예수병원에서 낳게 해주셨다고 지금도 아내는 믿고 있습니다. 이성(理性)이 죽어야 믿음의 기적을 볼 수 있다는데, 언제나 저는 이성과 믿음의 갈등을 겪습니다. (2013.12.03.)

08

버리고 따르는 일

> 그들이 배들을 육지에 대고 모든 것을 버려 둔 채 예수님을 따라갔다.
>
> 눅 5:11

누가복음 5장에는 예수님이 제자를 부르시는 내용이 나옵니다. 예수님을 따른다는 것은 쉬운 일이 아닙니다. 베드로도 예수님이 어떤 분인지를 깨닫고 "주여"라고 부르며 자기가 죄인인 것을 고백한 후 따르게 되었습니다. 마가복음은 예수님께서 베드로와 안드레를 부르셨는데, 그들은 곧 그물을 버려 두고 예수를 따랐다고 쓰고 있습니다. 그 뒤 더러운 귀신을 고치시고, 베드로의 장모를 고치고, 많은 병자를 고쳤습니다. 그런데 누가복음에서는 더러운 귀신을 고치고, 베드로의 장모를 고친 뒤 다시 베드로를 부르시는 것을 볼 수 있습니다. 이 연대기적인 사건이 사실이라면 베드로는 예수를 따르기로 했으나, 다시 어부로 돌아가 생업을 잇고 있다가 그 뒤 또 예수님의 부름을 받은 것이 됩니다.

우리도 새로운 결심을 잘하지만, 곧 옛 습관으로 돌아가는 경우가 많습니다. '모든 것을 버리는 것'도 어렵지만 '예수를 따르는 것'

은 더 어렵습니다.

　이번에 저는 채명신 장군의 죽음을 보고 깨달은 것이 많습니다. 그분은 11월 25일 소천하셨는데, 28일 서울 동작구 동작동 국립현충원 제2 묘역(월남파병전사자묘역)에 묻혔습니다. 장군 묘역을 고사하고 월남에서 그와 함께 참전해서 유명을 달리 한 사병 묘역에 묻힌 것입니다. 월남전에서 5,000여 명이 전사하였다는데, 그들을 다 보내고 살아남은 자신이 미안해서 죽어서라도 함께 묻히고 싶은 생각으로 그렇게 유언을 했다고 생각합니다. 국립현충원이 생긴 이래 장군이 사병 묘역에 묻힌 일이 없었으며 '국립묘지 설치 및 운영에 관한 법률' 때문에 현충원은 장군의 요청을 받아들일 수 없다고 했는데, 다방면으로 간청하여 대통령의 특별 재가를 받아 그곳에 안치하게 되었다고 합니다. 90cm의 높은 비석에서 76cm의 낮은 비석으로, 8평짜리 장군 묘에서 1평짜리 좁은 사병 묘로 스스로 자신을 낮춘 것입니다. 1947년 평남 진남포 인근 덕해교회의 권사님이셨던 어머니의 신앙이 그의 피에도 흘러 그를 겸손하게 했으리라고 생각합니다. 1960년에는 군사쿠데타에 참여하여 혁명 5인위원회의 멤버였던 그는 박정희 대통령이 국가 최고위원회 의장이 될 때 감찰 위원장까지 지냈으나, 1972년 유신 개헌에 반대하여 중장으로 예편하신 지조가 굳으신 분입니다. 오후 3시 안장식 때는 그를 기리던 패티 김이 평소에 장군이 좋아하던 찬송가 <내 영혼이 은총 입어>를 조가로 선사했다고 합니다. 패티 김은 1966년 신혼여행 대신 베트남에 위문 공연 하러 가서 채 장군과 특별한 인연을 맺게 된 분입니다.

　채명신 장군은 명예와 권력과 세속적 욕심 등 모든 것을 버리고 예수님을 따른 분이라고 생각합니다. (2013.12.10.)

09

하와 할머니를 사랑합니다

> 그리고 하나님이 여자에게 말씀하셨다. '내가 너에게 임신하는 고통을 크게 더할 것이니 네가 진통을 겪으며 자식을 낳을 것이요, 너는 남편을 사모하고 남편은 너를 다스릴 것이다.'
>
> 창 3:16

"하와 할머니를 사랑한다고? 미쳤어."라고 누구나 저를 향해 말할 것입니다. "우리는 이유도 모른 채 태어나면서부터 죄인이 되어 이 고생을 하는 것이 누구 때문인데 그 할머니를 사랑해?" 이러면서 저를 반격할 것입니다. 그러나 하와가 사탄의 유혹을 받지 않고 선악과를 따 먹지 않았다면 어떻게 되었을까요? 아담과 하와의 후손들은 하나님과 함께 에덴동산을 거닐면서 죄에서 벗어나 죽음과 고통을 모르면서 영원히 복을 받고 '생육하고 번성하며 땅을 정복하고(창 1:28)' 살았을 것입니다.

제가 하와를 사랑한 것은 그녀가 '인간다운, 너무나 인간다운' 삶을 살았기 때문입니다. 인간이 범죄 하지 않고 하나님과 영원히 성스럽게 교제하고 산다는 것은 상상하기 힘듭니다. 한 시간만 성인으로 살기도 힘든데 어떻게 평생을 살 수 있었겠습니까? 그녀는 유혹을 못 이겨 선악과를 따 먹고 남편에게 권한 다음, 둘이서 에덴동산에서 쫓겨났습니다. 하나님과 결별한 것입니다. 이때 여인에게 임신하는 고통을 더하며 남편의 다스림을 받고 살 것이라는 하나님의 저주하는 말씀을 들었습니다. 그런데 그들은 이렇게 쫓겨나는 것이 참 인간으로 살기 위해 당연히 받아야 할 벌이라고 생각한 것 같습니다. 아버지와 어머니도 없이 외로웠던 두 사람입니다. 아담은 아내에게 하와(모든 산 자의 어머니)라는 이름을 지어 주고, 같이 고통을 이겨 가자고 결심한 것 같은 느낌이 듭니다. 하와는 어떻게 생각했을까요?

아담이 아내와 동침하여 아내가 가인을 낳았을 때 하와는 말했습니다.

"내가 여호와의 도움으로 남자아이를 얻었다. (창 4:1)"

인류 최초의 제2세를 얻었을 때 하와는 먼저 하나님이 자기를 도우신다고 고백하고 있습니다. 훌륭한 신앙 아닙니까? 둘째 아들 아벨은 첫째 아들 가인이 저지른 살인 사건으로 죽었습니다. 인간 하와의 가슴 찢어지는 아픔은 아무도 다 알 수가 없었을 것입니다. 그 후 다시 130살 때, 셋째 아들 셋을 얻었습니다.

이때 아담의 아내는 다시 임신하여 아들을 낳고 "하나님은 가인이 죽인 아벨 대신 나에게 다른 아들을 주셨다." 하며 "그 이름을 '셋'이라고 지었다. (창 4:25)"라고 하였습니다.

그녀는 둘째를 잃은 슬픔을 감추고 다른 씨를 주신 하나님께 또 감사하고 있습니다. 이렇게 해서 이 부부는 싸우지도 않고 930세를 해로했습니다. 지금처럼 OECD 국가 중 이혼율 제1위인 나라 부인들께 귀감이 되는 이야기가 아닙니까?

이런 아담과 하와를 하나님은 버리지 않으셨습니다. 어쩌면 인간의 완악함을 아시는 하나님께서 그들이 범죄 하게 하고 다시 회개한 자를 구원할 계획을 처음부터 세우신 것인지도 모릅니다. (2023.12.30.)

10

까닭 없는 고난

> 주께서는 의로운 사람을 악인들과 함께 죽일 수는 없습니다. 어떻게 의로운 사람을 악한 사람과 같이 취급할 수 있습니까? 온 세상을 심판하시는 분이 그렇게 해서는 안 됩니다.
>
> 창 18:25

시카고에서 다문화 사역을 하는 젊은 목사가 루게릭(흔히 근육무력증)병에 시달리고 있다는 소식을 접하게 된 한 자매 교수는 그 목사를 생각만 해도 눈물이 앞을 가린다고 저에게 메일을 보내왔습니다. 그녀는 한국 애를 입양해서 기르고 있으면서 다문화 사역을 하며 여기저기 활발히 교회 개척을 하고 있던 젊은 목사가 왜 이런 병을 앓게 되었느냐는 것입니다. 손발을 잘 못 쓰게 되자 휠체어를 타고 다니며 활동했으며, 컴퓨터는 음성 인식을 하는 특별히 고안된 것을 써서 사역을 완수하려고 다른 사역자들과 연락을 주고받았는데 이제는 그것도 안 되며, 말하는 것도 힘들어 모든 일에 사표를 내고 집에 머물러 있을 수밖에 없다는 것입니다. 멀리 플로리다에 계시는 그의 아버지도 겨우 토요일에 한 번씩 그가 힘들어하므로 짧은 시간 동안만 통화할 수밖에 없다는 것이었습니다. 그의 아버지 계의돈 박사가 한국에 선교사로 와 계실 때 비서로서 LTC 훈련을 돕고 CCC 회원들을 도와 학원 사역을 하고 있던 이 자매 교수는 그때 일을 생각하면 눈물만 나는 모양이었습니다.

불신자들은 이렇게 무고한 사람이 고난을 받는 것을 보면 하나님이 없다고 주장합니다. 사랑의 하나님이 착한 사람에게 병을 줄 리가 없다는 것입니다. 공의의 하나님께서 선한 사람들에게 전쟁, 기근 그리고 고난을 주시며 악인들이 번창하는 것을 보고 있을 수 있느냐는 것입니다. 그러기 때문에 공의의 하나님은 존재하지 않는다는 것입니다. 그럴까요? 그러나 올바르게 하나님을 믿고 있는 사람은 그렇게 생각하지 않습니다. 아담이 하나님께 죄를 범한 후로는 이 세상에 착하고, 선하고, 의로운 사람은 하나도 없기 때문입니다. 인간은 태어나면서부터 죄인(롬 3:23)이 됩니다. 따라서 우리는 본질상 하나님 진노의 대상입니다. (엡 2:3) 여기서 구원을 받는 길은 예수를 영접하고 하나님과 화해하는 길입니다. 마지막 날 거룩한 성, 새 예루살렘이 하나님으로부터 내려오면 하나님 나라의 모든 질서는 회복될 것입니다. 그때는 그들의 눈에서 모든 눈물을 씻어 줄 것이며 다시는 죽음도 없고, 슬픔도 없고, 아픔도 없을 것입니다. (계 21:4)

우리가 누군데 감히 하나님께 항의할 수 있습니까? 만들어진 물건이 만든 자에게 '왜 나를 이렇게 만들었습니까?'라고 변론할 수 없습니다. (롬 9:20) 주권적인 하나님께서 하시는 일은 다 옳은 것입니다. 우리는 다만 기쁠 때는 찬송하고, 슬플 때는 기도하며 '주 예수여, 속히 오시옵소서.'라고 하며 인내로 마지막 날을 기다릴 수밖에 없습니다. 고난은 불신자에게는 하나님을 찾게 하고, 신자에게는 더욱 하나님께 의지하는 신앙을 길러 주는 각성제입니다.

그러나 이제는 은퇴하여 플로리다에 계시는 계 박사는 한국에 올 때 데리고 나온 6살짜리 큰아들이 장성하여 첫딸까지 한국에서 입양하여 미국 내에서 다문화 사역을 시작했는데 결국 루게릭병을 앓고 아무 사역도 못 하게 하신 하나님을 어떻게 생각하실지 마음이 아립니다. (2014.01.14.)

11

깨닫는 마음

> 나에게 와서 내 말을 듣고 실천하는 사람은 바로 이런 사람과 같다.
>
> 눅 6:47

우리는 교회에 다니면서 좀 더 분명한 믿음 위에 서서 신앙생활을 하고 싶어 봉사도 열심히 하고, 설교도 노트해 가며 열심히 듣고, 또 성경 공부반에도 출석합니다. 그런데 우리는 정말 '구원 얻은 사람들에게나 멸망하는 사람들에게 그리스도의 향기(고후 2:15)'가 되어 있는 것일까요? 사람은 그들의 열매로 참모습을 알 수 있다는데, 우리는 훌륭한 열매를 맺고 있는 것일까요? 우리는 나아가 주님을 영접하고 그분의 말씀을 설교나 성경 말씀으로 열심히 듣지만, 세상에 나가 제대로 살며 열매는 맺지 못하고 있는 것 같습니다.

저는 4년 동안 대학교수들의 성경 공부반을 인도한 일이 있습니다. 그분들은 각 교회에서 또 대학에서 학생들을 상대로 성경 공부를 인도해 온 훌륭한 지도자들입니다. 그래서 저는 그분들과 성경 공부를 하면서 성경의 한 책을 선택하고, 순서에 따라 단락을 나누고, 반원에게 그 내용 중 묵상하고 깨달은 것을 발표하도록 했습니다. 그리고 묵상 내용을 질의응답 하고 또 자기가 느낀 것을 발표하고 기도하는 것으로 끝맺었습니다. 일 년 뒤에는 이 내용을 『삶으로 나타나는 신앙』이라는 이름으로 책자를 출판하여 서로 나누어 갖기도 했습니다. 물론 이런 방법은 말씀에 대한 충분한 통찰이 없다고 불만을 가질 수가 있습니다. 그러나 "사람의 속에는 영이 있고 전능자의 숨결이 사람에게 깨달음을 주시나니(개역개정; 욥 32:8)"라고 성경은 말하고 있습니다. 하나님께서 개개인에게 깨달음을 주어 들려주시는 음성을 반원들과 함께 나누는 것은 중요한 일입니다. 유명한 목사님을 모시고 성경 공부 시간에 강해 설교를 듣는 것은 성경 공부 시간에 한 반 더 성경 주석을 통한 설교를 듣는 것입니다. 평신도는 언제까지 우유만 마시고 있어야 합니까? 부족한 대로 '이것이 이러한가?' 하고 말씀을 묵상하고, 주님의 음성을 들을 필요가 있습니다. "… 좋은 땅에 뿌려진 씨는 말씀을 듣고 깨닫는 사람을 가리킨다. 그런 사람은 100배, 60배, 또는 30배의 열매를 맺는다. (마 13:23)"라는 말도 있습니다. 우리는 좋은 땅이 되어 말씀을 받고 백배의 결실을 맺고 싶습니다. 그러려면 말씀을 듣고 스스로 깨닫는 훈련을 한 사람이 되어야 합니다.

이제 저는 대학을 떠난 지 15년이 지났습니다. 제가 다니던 대학에서는 지금도 성경 공부를 하고 있습니다. 그러나 지금도 목사님을 모시고 배우는 일을 하고 있습니다. 이것은 성경 공부 시간에 강해 설교를 한 번 더 듣는 일입니다. 물론 듣는 가운데 깨달음이 있겠지요. 그러나 신앙은 주님의 말씀을 따라 세상에서 사는 삶을 나누는 일입니다. 모든 성경은 하나님의 감동으로 된 것입니다. 따라서 말씀은 제 개인에게 임하시는 성령의 감동 없이 깨달을 수 없으며, 지식을 배움으로 말씀을 깨달을 수 없다고 생각합니다. 내가 기도하므로 하늘이 응답하시며, 죄인이 회개함으로 천사가 기뻐하며 내가 배신함으로 성령이 근심하는 것을 아는 가운데 말씀에 은혜를 받는 것이 아닐까요? (2014.01.16.)

12

천국의 체험

> 두세 사람이 내 이름으로 모이는 곳에는 나도 그들 가운데 있다.
>
> 마 18:20

저는 1960년 봄에 기전여자중·고등학교에 교사로 취직해서 처음으로 『다락방』이라는 말씀 묵상집을 소개받았습니다. 이 책자는 각 군부대, 병원, 교도소, 연구소, 교육 기관 등에 보내지는 선교지로 40여 개 국어로 번역된 세계적인 묵상집입니다. 각 나라 사람들의 간증을 접할 수 있습니다. 당시 남 장로교 선교사들이 소속된 모든 기관에는 이 책자로 직원들이 말씀 묵상을 하였습니다. 저는 그때부터 지금까지 50여 년 동안을 꾸준히 이 책자로 은혜를 받는 사람입니다.

저는 이 책자로 가정 예배를 드려 왔는데, 먼저 책에 나와 있는 성경 본문을 읽고, 기고자의 간증문을 읽은 다음 기도하고 주기도문으로 마치는 것입니다. 애들이 유년기 때는 부정 기적이던 가정 예배가 그들이 다 장성하고 우리 내외만 남게 되자, 『다락방』은 오랫동안 매일 아침 빠지지 않은 가정 예배의 지침서가 되었습니다.

저는 1994년부터 2012년까지는 일곱 차례나 이 『다락방』의 필자가 된 일도 있습니다. 제가 옳게 말씀 묵상을 하고 있는지 검증을 받고 싶어서 보낸 원고였습니다. 그래서 『다락방』은 제 사랑하는 애인 같습니다. 그러나 제가 『다락방』을 사랑하게 된 진짜 이유는 여기에 있지 않습니다. 우리 부부는 둘이서 이 책자를 통해 아침 예배를 드리면서 유익한 점을 한둘 찾아낸 것이 아닙니다. 우리는 매일 홀숫날은 제가, 그리고 짝숫날은 아내가 『다락방』을 통해 기도하는데, 아내의 기도를 들으면서 제가 아내를 더 많이 알게 되었다는 것입니다. 부부는 비밀이 없다지만, 서로 말하지 못한 부분이 있게 마련입니다. 그러나 하나님께 기도하는 그 음성을 들으며 저는 제가 깨닫지 못한 아내의 놀라운 신앙의 깊이와 자녀들이나 이웃을 향해 가지고 있는 사랑의 감정을 들여다볼 수가 있어 아내와 더 가까워졌습니다. 또 살다 보면 무의식적으로 아내에게 상처를 주어서 사이가 서먹해져 사과하고 용서받고 싶은데, 막상 마주 대하면 사과하지 못할 때가 있습니다. 이럴 때 가정 예배 시간에 하나님께 제 잘못을 회개하고 제 마음을 열어 그분께 아뢰면 하나님으로부터 용서받는 기쁨이 제게는 있습니다. 그땐 제 마음이 홀가분해지는데, 아내도 말없이 저를 받아 주는 것 같아 두 사람이 더 행복해지기 때문입니다. 요즘은 그보다 더한 기쁨이 있습니다. 저는 나이가 들자 기도하다가 애들의 이름, 병자의 이름을 잊어버리고 머뭇거릴 때가 있습니다. 그러면 기도를 듣고 있던 아내가 알아차리고 곧바로 소리 내어 가르쳐 주는 것입니다. 그럴 때 우리는 한마음이 되어 합심해서 기도하고 있다는 생각을 하게 됩니다. 두 사람이 주님의 이름으로 기도하고 있을 때 주께서 우리와 함께 계시는 것을 느끼는 것입니다. 저희는 그럴 때 이 땅에서 주님이 우리와 같이 계시는 하늘나라를 체험하는 기쁨이 솟는 것을 느낍니다. (2014.02.05.)

13

패니 크로스비

> 그러나 우리가 누군데 감히 하나님께 항의할 수 있겠습니까? 만들어진 물건이 그것을 만든 자에게 '왜 나를 이렇게 만들었습니까?' 하고 말할 수 있습니까?
>
> 롬 9:20

　패니 크로스비(1820-1915)는 19세기 말 미국의 선교자, 교사, 그리고 구원사역자로 특히 시인, 찬송가 저자로 크게 활동한 분입니다. 지금도 우리나라 새 찬송가에는 〈인애하신 구세주(279)〉, 〈예수를 나의 구주 삼고(288)〉, 〈저 죽어가는 자(498)〉 등 20여 곡이 실려 있습니다. 그녀는 전성기에 찬송 시 청탁을 받을 때는 일주일에 6, 7편의 찬송 시도 쓴 일이 있다고 합니다. 너무 많이 발표하여서 한 찬송가집에 같은 저자의 이름을 넣을 수가 없어 그녀가 가진 익명은 200개가 넘었다고 합니다. 그러나 그녀는 불행한 일생을 보냈습니다. 태어난 지 6주 만에 감기로 눈에 염증이 생겼는데, 겨자 찜질을 하면 낫는다는 동네 의사의 말을 따랐다가 시신경 손상을 입어 맹인이 되었습니다. 거기다 그녀의 의붓아버지는 그해에 돌아가셔서 어머니와 외할머니의 도움으로 어린 시절을 보냈습니다. 5

살 때 안과에 권위 있는 의사에게 신단을 받았는데, 영원히 시력을 회복할 수 없다는 진단을 받았다고 합니다. 외할머니는 엄격한 청교도 신자로, 그녀가 8살 때부터 매 주일 5장씩 성경을 암송하게 했는데, 그녀가 15살 될 때는 4 복음과 모세의 오경, 잠언, 전도서 그리고 대부분의 시편도 암송하게 되었다고 합니다. 15살에 그녀는 국비로 경영하는 미국 맹인학교(NYIB: New York Institute of Blind)에 들어가 피아노, 오르간, 소프라노 보이스 레슨도 받았습니다. 18살 때 어머니는 재혼하고 그 남편은 크로스비가 24살 때 그녀의 부양을 포기했습니다. 그러나 그녀는 26살부터는 모교의 강사로 있게 되었습니다. 1858년(38세) 때 같은 학교의 맹인 교수와 결혼하고 이듬해 딸을 출산했는데, 낳은 지 얼마 되지 않아 죽었습니다. 그때 지은 찬송이 〈주 예수 넓은 품에(417)〉입니다. 두 사람의 수입으로 편히 살 수도 있었지만, 그들은 어려운 동네 셋집에서 살았으며, 남을 돕는 일을 많이 했습니다. 60세 때부터는 서로 별거하고 지내다가 남편을 먼저 천국으로 보내고, 자기도 95세에 뇌출혈로 세상을 떴습니다.

그녀는 세상을 원망하고 하나님을 원망할 만한 많은 이유가 있었습니다. 그러나 절대 그러지를 않았습니다. 그녀는 자기가 맹인이 된 것이 하나님의 섭리라고 말했습니다. "만일 내일 내 시력이 회복된다고 하더라도 나는 받아들이지 않을 것입니다. 내가 세상의 아름다움에 현혹되었다면 나는 지금처럼 기쁨으로 하나님을 찬양하지 못했을 것입니다. 제가 천국에 가서 맨 먼저 보고 기뻐할 얼굴은 내 구주 예수의 얼굴이 될 것입니다."라고 말했습니다.

우리는 하나님의 피조물입니다. 하나님께서 주신 은사를 감사하게 받아 누리다가 우리 구주 예수를 대면하며 만나보는 기쁨으로 사는 것이 기독교인의 인생이 아닐까요? (2014.01.27.)

14

하나님이 함께한 사람

> 너희는 두려워하지 말아라. 내가 너희와 함께 한다. 놀라지 말아라. 나는 너희 하나님이다. 내가 너희를 강하게 하고 도와 주며 나의 의로운 오른손으로 붙들어 주겠다.
>
> 사 41:10

이번에 제가 묵상집을 출판해서 김선태 목사님께 보내 드렸더니 귀한 사신(私信)과 함께 본인의 자서전과 최근에 출판한 에세이 한 권을 같이 보내 주셨습니다.

다음은 저에게 주신 서신의 일부입니다.

(…) 우리는 1983년 미국 텍사스에서 만나 주님 안에서 서로를 위해 기도하는 그리운 믿음의 가족입니다. 대전에 갈 때마다 장로님께서 은퇴하시고 한국에 계실지, 미국에 계실지 궁금했는데 기다리던 장로님 소식과 더불어 책까지 받게 되어 너무도 반갑습니다. (텍사스에서) 말씀 전하러 갔던 저를 식사 후 숙소까지 바래다주셨던 장로님이 그립습니다. 차에 함께 탔던 토끼같이 예뻤던 따님은 이제 세월이 흘러 중년의 여성이 되었겠지요? (…)

제2부 213

눈이 안 보이신 목사님께서 '토끼같이 예뻤던'이라는 표현을 쓰신 것을 보고 김 목사님답다고 생각했습니다. 그분은 6·25 전쟁 때 폭격을 당해 9살 때 부모를 잃고 고아가 되었으며, 그때 친구와 함께 뚝섬 쪽으로 놀러 갔다가 친구들이 호기심으로 버려진 포탄을 만지작거린 것이 폭발하여 그들은 죽고, 목사님은 시력을 잃었습니다. 그러나 그분을 만나면 실명하신 분으로 전혀 느끼지를 못합니다. 학교도 일반 학교에 다니고, 졸업해서 그런지 주변을 잘 보고 계시는 느낌이 듭니다. 제 딸도 크면 중매를 서겠다고 해서 그래 날라고 미심쩍게 생각하면서도 말했는데, 실제 그분은 많은 분을 중매했고, 또 그들이 잘 산답니다. 자서전에도 보면 '(내가) 2층 사무실을 갔더니 키가 자그마한 분이 반갑게 맞아 주었다.'와 같은 표현이 자주 나오는데, 그분은 그때 눈 뜬 사람처럼 분명 키가 자그마한 분의 반가운 표정을 보았을 것입니다.

댈러스에서는 구면이었습니다. 제가 한국에서 다니던 교회에서 두어 번 초청해서 설교를 들었기 때문입니다. 우리 교인들이 그런 분의 인품을 닮으면 좋겠다는 생각으로 목사님께 상의드려 모셔 온 일이 있었습니다. 그분은 시각 장애 때문에 많은 고통스러운 삶을 사셨습니다. 숭실고등학교 3학년 때 학사 고시제도가 생겼는데, 시각 장애인은 학사 고시에 응할 수 없다는 단서가 있었다고 합니다. 그는 매일 오후 문교부 장학관실에 가서 호소했는데 들어 주지 않아 33일째는 칼을 품고 가서 함께 죽자고 칼을 휘둘렀답니다. 모두 도망갔는데 기자들이 장하시다고. 직접 당시 문교부 장관

실로 안내해서 허가를 받아 시험을 치르게 되었다고 합니다. 그때도 기도할 때 "끝까지 싸우면 이길 것이다."라는 하나님의 음성을 들었다고 합니다.

저희는 귀국 후 아내의 육순(1992년 3월 7일)을 기념하여 1인당 30만 원의 개안 수술비 7명분(7일이 생일)을 병원에 찾아가 드린 일이 있습니다. 생일, 결혼, 입학 기념 등 경사스러울 때마다 불우한 시각 장애인을 기억하라는 권고문을 보았기 때문이었습니다. (2014.02.04.)

15

더 받기를 원합니다

> 그러므로 너희는 내 말을 귀담아 들어라. 누구든지 가진 사람은 더 받을 것이고 갖지 못한 사람은 가졌다고 여기는 것마저 빼앗길 것이다.
>
> 눅 8:18

누가는 누가복음 8장에서 '씨 뿌리는 자의 비유'에 대해 이야기했습니다. 씨는 말씀이요 뿌리는 자는 예수님입니다. 그러나 누가복음 8장의 비유는 씨 뿌리는 예수님에 대한 비유가 아니라며 이 부분의 소제목을 「네 가지 땅에 떨어진 씨의 비유」라고 성경 개역 개정판을 쓰고 있습니다. 어떻든 밭은 말씀을 받는 우리 마음의 자세인데, 그 자세가 어떠냐에 따라 결과가 많이 달라진다는 예화입니다. 말씀을 가장 잘 받아들이는 마음 자세는 좋은 땅인데, 이 땅에 떨어진 씨는 백배의 결실을 본다는 말입니다. 이에 대한 예수님의 설명은 좋은 땅은 '바르고 착한 마음으로 말씀을 듣고 그 말씀을 잘 간직하여 인내로 열매를 맺는 사람'을 가리킨다는 것입니다. 그러면서 등불 이야기를 하였는데 이것은 '좋은 땅에 떨어진 씨'의 결론입니다. 씨가 결실했다는 것은 하나님 나라의 비밀을 깨달았다는 것이며, 어두운 세상을 비추는 빛이 되었다는 이야기입니다. 빛은 숨길 수가 없습니다. 오히려 등잔대 위에 올려놓아 그 빛을 볼 수 있게 해야 합니다. 감추어진 것은 나타나기 마련입니다. 그러면서 성경은 '누구든지 가진 사람은 더 받을 것이고, 갖지 못한 사람은 가졌다고, 여기는 것마저 빼앗길 것이다. (눅 8:18)'라고 말합니다.

간절히 구해서 방언하게 된 사람이 방언하지 않고 숨겨 두면 그 방언은 소멸하며 필요할 때마다 방언으로 기도하면 더 큰 은혜를 받게 된다고 합니다. 말씀에 감격하여 은혜를 받으면 이를 간증하면 더욱 은혜가 되고, 숨겨 두면 받은 은혜도 소멸합니다. 저는 '좋은 땅'도 아니며 더더욱 '등불'도 아니지만, 『거꾸로 살아보기』라는 묵상집을 낸 일이 있는데, 인터넷 서점 〈YES24〉가 제 책 소개를 한 것에 다음과 같은 댓글로 북 리뷰를 쓴 것을 읽었습니다. 그런데 알고 보니 이 리뷰는 저와 한 직장에 있는 최 교수가 쓴 것이었습니다.

자칭 아내 바보라고 하시는 저자는, '기독교인은 이렇게 사는구나.', '이렇게 신앙생활을 하는 사람도 있구나.'라고 독자들이 생각하기를 소망한다고 했습니다. 저는 말씀 묵상 책을 보는 내내, 크지도 과하지도 않게, 놀랍지도 대단하지도 않게, 하루하루를 소박하게 지내면서, 성령님의 도우심을 바라며 살고 싶다는 생각을 합니다. 부활의 놀라운 사건 후에도 제자들을 만나신 주님은 단지 물고기를 구워 제자들에게 맛있게 먹게 해주셨던 것처럼, 이 책에서 저자는 서로 아껴주고 위해 주는 노부부의 일상이 그대로 보이는 것 같아 반갑고 기쁩니다. 저도 그렇게 살고 싶고 또 그렇게 살 수 있을 것 같기도 합니다. 쉽고, 친근하고, 조용하게 쓰인 책 『거꾸로 살아보기』는 참 기독교인이 살아가는 모습을 그대로 보여 주는 아름다운 책입니다. 많은 사람이 읽으면 좋겠다는 생각이 듭니다.

느낀 것을 마음속에 숨겨 두지 않고 이렇게 써 주어서 저는 그분이 주님으로부터 더 많은 은혜를 받기를 소원했습니다.
(2024.02.11.)

16

가난과 청빈

> 내가 가난하기 때문에 이런 말을 하는 것이 아닙니다. 나는 어떤 형편에서도 스스로 만족하는 법을 배웠습니다.
>
> 빌 4:11

가난은 상대적인 용어인 것 같습니다. 남이 가난하다고 말해도 내가 가난하지 않다고 생각하면 가난하지 않기 때문입니다. 아무리 부하게 살아도 자기의 욕망을 충족하지 못하여 더 갖고자 한다면 그 사람은 가난한 사람입니다. 반면, 아무리 가진 것이 없어도 스스로 만족하면 가난한 사람이 아닙니다.

저는 1976년 한남대학교 CCC 간사로 와서 알게 된 여학생(지금은 네 자녀의 어머니)이 있는데, 그 사람이 가난하지 않은 사람입니다. 이듬해 학교를 떠나면서 CCC 간사로 있던 신랑과 결혼했는데 밥그릇 둘, 국그릇 둘, 물컵 두 개로 방 하나 딸린 옥탑방에서 신혼살림을 시작했는데, 자기는 한 번도 가난하다고 생각하지 않고 행복했답니다. 시골에서 택배로 올라온 쌀과 반찬은 학생들을 불러다 먹이고, 일주일 분량의 장을 봐서 만든 반찬은 이삼 일마다 남의 입에 들어가도, 나머지 날은 없는 대로 만족하며 살았다고 합니다. 마트에서 반짝 세일로 몇 개 한정으로 파는 세일 상품이 있으면 물건을 고르되, 늦게 올 사람을 위해 좀 못한 것부터 샀다고 합니다. 하나님이 주신 것에 자족하고, 결코 가난하게 살지 않았던 사람입니다.

저는 두 사람이 지금까지 간사로서 일정한 수입이 없이 교회 봉사나 후원금만으로 사는 것이 불안하고 안타까웠습니다. 그런데 더 대책이 없다고 생각한 것은 그들에게는 귀여운 딸과 아들이 있었는데, 다 자라기도 전에 또 다른 아이를 입양한 것입니다. 지금은 아들과 딸 둘을 입양해서(막내는 38개월) 여섯 가족이 살고 있습니다. 여섯 식구의 빨래만 해도 큰일입니다. 애들의 털옷, 털모자, 목도리, 장갑, 심지어 부츠, 실내화, 운동화도 모두 손빨래를 하는데, 작은 세탁기로 돌려 빠는 양말만 42짝인데 어디로 빠졌는지 그 짝을 한 번도 제대로 맞춘 적이 없다고 합니다. 옛날 순장, 순원으로 대학에서 신세를 졌던 학생들은 졸업하여 직장을 갖거나 잘사는 남편을 만나 잘 지내며 후원금까지 보내오는 것을 보면서, 저는 그 자매 때문에 가슴이 아픕니다. 그러나 그들은 조선 시대의 선비처럼 가난하지 않고 청빈한 삶을 살고 있다고 만족합니다.

일 년 전에는 그녀의 장남이 국가에서 지원하고 KIST에서 특강을 하는 융합형 영재 프로그램에 신청했는데, 8:1의 경쟁을 뚫고 1차 시험에 합격했습니다. 2차는 면담을 하는데 영어로 문답을 하는 것이었다고 합니다. 시험장에서 파워포인트로 문제를 띄우고 영어로 답하라고 하는데, 한 번도 영어 개인 과외를 받아 보지 못한 그녀의 아들은 보기 좋게 낙방하였습니다. 주위에서는 영어 과외나 단기 외국 어학연수를 보내 보라고 하는데 엄두가 안 날 일이었습니다. 이 안타까운 아들의 심정을 생각하며 그녀는 처음으로 냉장고가 비면 불안해지기 시작했다고 합니다. 가난을 느끼기 시작한 것이지요. (2014.02.18.)

17

세상에 이런 교회도 있습니다

> 예수님이 그렇게 많은 기적을 사람들 앞에서 베푸셨으나 그들은 예수님을 믿으려 하지 않았다.
>
> 요12:37

제가 존경하는 목사님은 많은 기적을 행하신 분입니다. 소천하신 지 6년이 좀 지났는데, 그 목사님의 기념 교회를 세웠다고 해서 가서 보기로 했습니다. 기념 교회라기보다 그 교회의 교인들이 기도하거나 회의를 하거나 말씀을 묵상하고 쉬는 처소로 교회, 숙소, 식당 이렇게 3동을 따로 세워 놓은 '해울(解鬱) 동산'이라는 곳입니다.

그분이 기적을 행하셨다는 것은 제가 인간적으로 생각할 때 상상할 수 없는 일을 하셨다는 뜻입니다. 그분은 제 교회의 목사님이셨는데, 1970년대에 이런저런 사정으로 교회의 담임 목사직을 내놓으셨습니다. 퇴직금이 얼마 되지 않아 제 아내는 친구인 장로 부인과 은퇴 후 거처를 구하러 다녔는데, 워낙 적은 돈이어서 곧 재건축해야 하는 오래된 아파트를 구해서 이런 집밖에 없었다고 심부름한 결과를 알려 드렸습니다. 얼마 후, 이 아파트는 재건축해서 다소 값이 올랐습니다. 목사님은 소천하시면서 이 집을 교회에 헌납했는데, 이 돈이 씨 돈이 되어 '해울 동산' 건축의 시초가 되었다는 것입니다.

그분은 이 아파트에 사시지 않고 은퇴 후 도정교회라는 개척교회를 맡아 토굴 같은 숙소에 사셨습니다. 그러나 이곳이 대전 엑스포 개최지로 결정이 되자 300평의 대토를 받고 철거하게 되었습니다. 철거하자, 한빛 아파트 부근의 노인정에서 교인 몇 사람을 데리고 교회를 계속하셨습니다. 그 자리에 세워진 교회가 지금의 놀랄 만큼 큰 '대덕한빛교회'입니다. 현재 교세 3,500명 정도의 교회로 성장하여 6부 예배를 드리고 있는데, 그 저력은 목사님의 기도라고 생각됩니다. 저는 늘 그분의 기도하는 모습(기호) 뒤에 계시는 예수님을 봅니다. 로마를 정복하는 장군의 모습이 아니고 하나님의 말씀에 순종하는, 무기력하게 보이는 목사 뒤에 숨은 예수님을 봅니다. 그분의 뒤를 이은 이 교회의 당회장 목사님도 그렇게 겸손하게 교회를 섬기신다고 들었습니다.

교회의 각 부서는 자치적으로 움직이는데, 예를 들면 성가대장, 교육 기관의 부장 등을 구성원들이 선출해서 당회에서 임명하는 등 담임 목사나 당회의 권위를 앞세워 군림하는 자세를 지양하고 민주적 참여를 하도록 함으로 자발적으로 운영되며, 성장해 가는 모범적 교회입니다. 교회 모든 봉사자(지휘자, 반주자 등)는 보수를 받지 않은 자원봉사자들입니다. 교회는 조직이 필요하지만, 이 교회는 조직이 화석화되지 않고 각각 생명을 가지고 살아 움직입니다. 노숙자들에게 교통비를 주면서 사랑을 나눠 주고자 시작한 베데스다부 예배는 한때 250명까지 되었다고 합니다. 전담 교역자와 봉사자들이 이를 맡아 운영하고, 예배를 인도합니다. 베데스다 밴드부도 있고, 찬양대도 있다고 합니다. 놀랍게도 이 노숙자 중에는 십일조 헌금을 하는 이도 있고 또 어떤 분은 교통비를 받지 않고 일반 예배에 참석하는, 구원받은 신도가 되어 노숙자 예배 인원이 줄고 있다고 합니다. 이것이 표적이 아니고 무엇이겠습니까? 저는 '해울 동산'을 보면 교회가 보이고, 교회를 보면 천상의 은혜 보좌가 보입니다. 세상에 이런 교회도 있습니다. (2014.03.04.)

18

놀라운 주님의 기적

> 예수님은 곧 능력이 자기에게서 나간 것을 아시고 돌아보시며 '누가 내 옷을 만졌느냐?' 하고 물으셨다.
>
> 막 5:30

예수님의 공생애가 시작된 지 2년째는 제1, 2차 갈릴리 사역 시대로 군중들의 그분에 대한 인기가 절정이었을 때입니다. 바람과 물결을 꾸짖어 잔잔케 하시고 거라사 지방에서는 옷도 입지 않고 무덤 사이에 살고 있던 귀신 들린 자를 고치기 위해 그 광인 속에 들어 있는 귀신을 명하여 그 몸에서 나오게 하니 귀신들이 이천 마리나 되는 돼지 떼에 들어가 그 돼지 떼가 바다에 빠져 몰사하는 놀라운 기적을 행하셨습니다. (막 5:13)

다시 배를 타고 맞은편(가버나움)에 가시니 무리가 환영하며 기다리고 있었습니다. 이때 열두 해를 혈루병으로 앓고 있던 여인이 예수의 뒤로 와서 옷 가에 손을 대니 혈루병이 즉시 나았습니다. 당시 혈루병자는 나병 환자처럼 부정한 자로, 그가 만진 사람도 부정해지며, 그를 만진 사람도 부정해지기 때문에 가까이할 수 없는 사람이었습니다. (레 15:25~27) 그러나 그녀는 자기가 죽을 각오를 하고 예수의 뒤에 와서 옷 가에 손을 댄 것입니다. "누가 내 옷을 만졌느냐?"고 예수님이 물으실 때 제자들은 "군중이 이렇게 밀어닥치는 것을 보시면서 누가 만졌느냐고 물으십니까?"라고 말도 안 되는 질문을 하신다고 반문할 정도로 군중들은 에워싸 밀치고 있었습니다. 옆에 사람도 모르는데 예수님이 어떻게 그것을 알 수 있는지 의아했던 것입니다. 예수님은 말 한마디면 어떤 병자도, 심지어 죽은 자도 살릴 수 있으며, 바람도 꾸짖으면 잠잠케 하시는 분으로 알고 있었지 그 이적을 행할 때마다 몸에서 능력이 빠져나가는 것을 제자들은 알지 못했던 것입니다. 그분은 거저 이적을 행하시는 것이 아니라 몸에서 진이 빠져나가는 것처럼, 출산한 산모가 기력이 쇠진해지는 것처럼, 힘이 드는 일을 남모르게 하고 계셨던 것입니다.

예수께서 떡 다섯 덩이와 물고기 두 마리로 오천 명을 배불리 먹이신 기적을 행한 뒤 제자들에게 "남은 조각을 거두고 버리는 것이 없게 하라. (요 6:12)"는 말씀을 하셨을 때도 제자들은 이해하지 못했을 것입니다. '필요하면 또 기적을 행하면 되지 남은 조각은 왜 거둬?'라고 생각했을 것입니다.

저는 주님이 주님의 능력을 내보내 고치게 하신 열두 해 동안 혈루병을 앓던 여인을 볼 때 본인이 출산한 딸을 보듯 그렇게 사랑스럽게 보셨으리라고 생각합니다. 그래서 "딸아, 네 믿음이 너를 낫게 하였다. 평안히 가거라. 그리고 질병에서 해방되어 건강하여라."

라고 위로의 말씀을 해 주셨습니다. 생명을 살리는 데는 율법의 많은 조항을 초월한 사랑만이 있을 뿐이었습니다. 우리가 지금 십자가에 못 박혀 죽고 주께서 내 안에 사시며 죄인인 우리가 자기 자신을 버리신 하나님의 아들을 믿는 믿음 안에 사는 것도 주님의 기적입니다. (2014.03.12.)

19

네가 이전에 가 보지 않았던 길

> 이제 여러분은 전에 한 번도 가 본 적이 없는 길을 가게 됩니다. 그래서 제사장들이 여러분을 인도할 것입니다. (…)
>
> 수 3:4

사랑하는 외손녀 은혜(가명)에게,

나는 네 어머니(내 딸)가 어려서 아장아장 걸어 다닐 때 내 오른손바닥 위에 올려놓으면 무서워하면서도 좋아했던 때가 어제 같았는데 벌써 그 딸이 커서 또 딸을 낳고, 그 딸이 커서 직장을 갖고 일하게 된 것이 신기하기만 하다. 나는 네가 운전도 하리라는 것은 상상하지도 못하였다. 그런데 이제는 직장까지 자가운전을 하며 출퇴근하고, 어떨 때는 공항까지 운전해서 차를 맡기고 먼 타지에 출장 근무까지 하고 돌아온다는 것이 자랑스러우면서도 걱정이 된다.

네가 브라운대학교를 다닐 때 점심이라도 사 주고 싶어 콩코드(Concord, MA)의 외숙 집에 갔다가 너를 방문했을 때 내가 거친 운전을 하여 백미러가 부러진 적도 있었는데, 기억하니? 나는 네가 운전하면서 그런 좋지 못한 할아버지 회상을 하면 어쩌나 하는 걱정도 했었다. 그런데 내가 지금 정말 걱정하는 것은 네가 먼 곳의 출장보다도 매일 일과가 너무 과중해서 자정이 넘어 돌아오는 일이 많다는 것이다. 그래서 네가 직장에 만족하지 못하고 정신적인 스트레스를 많이 받으면 어쩔까 걱정한다. 대학을 나오고 다시 오스틴의 매콤 경영대학원(McCombs School of Business)에서 전문회계학 석사(Master of Professional Accounting)까지 하고 회사에서 이런 잔심부름이나 하고 있어야 하나 하고 상심하고 있을 것 같아서다.

나는 성경의 여호수아서를 읽다가, 여호수아가 이스라엘 백성을 이끌고 하나님께서 약속하신 유업의 땅 가나안 복지로 들어갈 때의 상황을 읽게 되었다. 그들은 그냥 들어간 것이 아니다. 모세를 통해 이집트에서 바로의 압제에서 해방되어 나온 뒤, 그들은 하나님에 대한 굳건한 신앙으로 가나안 땅을 점령하는 데 필요한 많은 단련을 하였다. 그러나 백성들은 이 단련을 이겨 내지 못하고 불평하므로 40년 동안 광야를 방황하다가 출애굽일세는 거기서 사망하고, 이제는 출애굽 이세들만 요단강 앞에 서게 되었다.

여호수아는 범람하는 요단강을 말리기 전에 출애굽 이세들에게 말하였다. 이것이 여호수아 3장 4절의 말씀이다. 이제 가나안 땅에 들어갈 준비가 다 되었으니 하나님의 인도와 보호하심의 상징인 레위인을 따르라고 말씀하고 있다. 명심하고 새로 시작하는 나의 좋은 앞날이 열리기를 빈다. (2013.03.19.)

20

은퇴자가 구하는 것

> 오직 여호와를 바라보고 의지하는 자는 새 힘을 얻어 독수리처럼 날개치며 올라갈 것이요 달려가도 지치지 않고 걸어가도 피곤하지 않을 것이다.
>
> 사 40:31

저희 대학의 은퇴 교수는 80여 명인데 저는 성지회(은퇴교수회) 회장을 맡고 있습니다. 전임 회장이 임기 2년을 못 채우고 서울로 이사를 해서 흔히 맡기 싫은 감투는 그렇게 하듯 참석자들의 박수로 저를 치켜세워 회장을 맡게 되었습니다. 벌써 4년째입니다. 대학 총장이나 교무위원은 다투어서 하려 하던 사람들이 먹잇감을 다투어 먹고 난 거위들처럼 뒤뚱거리고 자기 처소로 가 버려서 지금은 돌아보는 사람도 없습니다. 이렇게 관심 밖에 있는 성지회(聖志會)를 섬길 필요가 있을까요?

은퇴 후도 서로 어떻게 지내는지 소식이 궁금합니다. 대학에서 스승의 날마다 버스를 동원해 은퇴 교수들의 문화 탐방을 주선해 주는데, 이를 상의할 주체가 필요합니다. 대학이 은퇴 교수들의 의견을 수렴하거나 은퇴 교수들에 대한 예우를 논의할 때도 주체가 필요합니다. 그래서 우리는 성지회 홈페이지를 개설하여 소식을 전하며 회칙을 만들어 회의 소집도 합니다. 올해에도 총회를 소집 했습니다. 총무가 각 집에 우편으로 소집 공고를 내고, 제가 이메일을 보내 참석 여부를 물었습니다. 회신이 없어 휴대폰으로 문자를 보냈으나, 그래도 회신이 많지 않아 식당에 회의실을 예약하지 못하고 홀에 예정 인원으로 장소를 예약하여 14명으로 총회를 했습니다. 이때 저는 회장을 두 번 중임했으니 내년 3월에는 반드시 새 회장을 뽑아 주어야 한다고 호소하고 또 그렇게 하겠다는 약속을 회원들에게 받았습니다. 그러나 이번 5월 성지회 문화 탐방은 회장단이 가는 곳을 결정해야 합니다.

저는 나이가 많아서 이제는 다 타 버린 촛불처럼 힘이 없습니다. 자연에서 일어나는 변화는 엔트로피가 증가하는(질서에서 무질서, 낮은 확률에서 높은 확률) 방향으로 일어난다는데, 제 안에서도 열정은 점차 사라져 가서 젊었을 때처럼 의욕이 솟아나지 않습니다. 이는 가역(可逆)이 아니므로 외부로부터 힘을 얻지 않고는 열정이 솟아날 수가 없습니다. 여기서 제가 깨닫고 결심한 것은, 사람을 의지할 생각을 버리고 오직 주님만 의지하고 주시는 힘으로 할 수 있는 일을 하자는 것입니다.

한편 제가 감사한 것은 힘이 없어져 아무것도 하기 싫을 때 일을 맡으면 하나님을 의지할 수밖에 없다는 것입니다. 아침마다 작당하여 악한 계교를 꾀하는 일도 없으며, 잘못되면 남에게 책임 전가를 할 세상적인 생각도 없으므로 대통령이나 장관들처럼 욕먹을 일도 없습니다. 은퇴자는 오직 여호와를 앙망하고 밖으로부터 새 힘을 주시도록 은혜를 사모하는 일뿐입니다. 그러나 은혜는 하나님께 속한 것입니다. 제가 구해서 얻을 수 있는 것이 아니고, 하나님께서 주셔야 얻는 것입니다. 그래서 제가 할 일은 하나님께서 생기를 주시도록 마음 문을 열고 기다리는 일입니다.

말라 버린 뼈 같은 저희에게도 주께서 생기를 불어넣어 주실 것을 믿습니다. (2014.04.02.)

21

선장들의 의식 개혁

> 삯꾼은 목자가 아니고 양도 자기 양이 아니므로 이리가 오는 것을 보면 양을 버리고 달아난다. 그래서 이리가 양들을 물어가고 양떼를 흩어 버린다.
> 요 10:12

　미국의 어느 시골 어항에 원양으로 고기를 잡으러 갔다가 오랜만에 돌아오는 고깃배를 환영하기 위해 사람들이 모여들었는데, 그들은 만선으로 고기를 잡고 돌아온 배를 보기 위해서가 아니라 '사고 배'를 보는 것이 더 흥미로웠다고 합니다. 그 배는 언제나 특종 사고를 내고 돌아왔기 때문입니다. 한 번은 그때도 무슨 사고를 내고 돌아왔을까 하고 호기심을 가지고 모여들었는데, 선원들이 어느 때 같지 않게 당당히 내리는 것입니다. 이게 웬일이냐고 묻자 '사고 배'의 선원은 자랑스럽게 말했다고 합니다.
　"선장이 바뀌었거든요."
　선장이 문제였습니다. 이번 청해진 해운의 '세월호' 참사의 직접적인 원인은 선장에 있습니다. 450여 명을 태우고 인천항에서 제주도를 향해 떠난 선장(69세)은 그 많은 귀한 인명이 자기에게 맡겨졌

제2부　233

다는 청지기 의식이 없었습니다. 속옷 바람의 선장이 배를 맨 먼저 탈출해 오고 연이어 선원들이 탈출해 왔는데, 기자들이 한 선원에게 비상 탈출 매뉴얼을 알고 있느냐고 묻자 '노약자, 아이들, 임산부 순으로 하선을 시키고 승객들이 다 내린 뒤 선원은 선장과 함께 선내 순찰을 하여 한 명이라도 더 있나 확인한 후 배를 떠나야 한다.'라고 말했다 합니다. 왜 그렇게 하지 않았느냐고 묻는 말에 "(배가 기울었는데) 객실에 어떻게 갑니까? 진짜 이 양반들 희한한 양반들이네."라고 화를 냈다고 합니다. 알려진 바로는 이번 선장은 벌써 성년퇴임을 했는데, 세월호 선장이 휴가를 간 동안 일 년 계약직으로 일하고 있었던 사람이라고 합니다. 이 사람은 시키는 대로 일해 주고 임금을 받는 삯꾼이었습니다. 그래서 구조된 뒤에도 물에 젖었던 5만 원권 지폐를 뜨거운 구들장에 말리고 있던 한심스러운 사람입니다.

가정에도 선장이 있습니다. 직장에도 선장이 있습니다. 교회에도 회사에도 선장이 있습니다. 나라에도 선장이 있습니다. 그들은 그들에게 맡겨진 직원들과 그 가족들의 복지를 책임져야 할 선장들입니다. 누구의 삯꾼들도 아닙니다. 자녀들을 학대하는 가장, 자기의 재물과 명예를 위해 하수인으로 보이는 직원을 거느리는 회장, '예수 천당, 불신 지옥', '삼박자 축복과 무병장수'로 무속화하여 건물의 대형화와 교인 수 확장에만 힘쓰는 목사…. 이들은 삯꾼들입니다. 하나님께 일을 맡은 청지기가 아닙니다.

나 자신은 어떤가 생각해 봅니다. 우리나라의 교통사고율은 세계 2위라는데, 저는 운전대를 잡은 선정으로 누구를 태우고 가든 한 번도 기도하고 운전을 한 일이 없습니다. 보험회사의 콜 센터 전화번호도 단축키로 제 핸드폰에 저장해 놓은 일이 없습니다. 대형 교통사고를 매일 같이 보면서도 이렇게 비상 수칙도 없고 완전히 안전 불감증에 걸려 있는 사람이 누구를 탓할 수 있겠습니까?
(2014.04.30.)

22

십일조 이야기

> 너희는 온전한 십일조를 성전에 바쳐 내 집에 양식이 있게 하고 내가 하늘 문을 열어 쌓을 곳이 없도록 너희에게 복을 쏟아 붓나 붓지 않나 나를 시험해 보아라.
>
> 말 3:10

동양에서 유일하게 한국에서 성공했다는 기독교는 그 의로운 가치관으로 세상을 변화시키고 올바로 중생을 제도하기는커녕 세상의 손가락질을 받고 있습니다. 교회 하면 바로 연상되는 것이 '복음'과 '구원'이라야 하는데, '돈과 헌금'이 연상되기 때문입니다. 그래서 어떤 이는 돈이 없으면 교회도 나갈 수 없다고 말하는 것 같습니다. 어느 조직체고 돈과 결탁하면 패망합니다. 따라서 교회의 위기는 교회가 성장하고, 교회가 부자가 된 데에 있습니다.

여기에 일조한 것은 헌금입니다. 교회에 들어온 헌금은 그 목적에 맞게 다 써 버려야 하는데, 그것을 아껴서 축적합니다. 그래서 교회가 '내 소출을 쌓아 둘 곳이 없으니, 어떻게 할까?' 하고 궁리하는 어리석은 부자처럼 되어 버린 것입니다.

어떤 분은 교회에서 가장 부담스럽게 생각하는 십일조를 다음과 같은 예화로 설명하였습니다. 하나님께서 맛있는 사과 열 개를 종들에게 주면서 "이것은 다 네게 준 선물이다. 맛있게 먹고 그중 하나는 감사의 정표로 나에게 바쳐라."라고 했다고 합니다. 그러자 종들은 감사하면서 9개를 맛있게 먹었습니다. 그리고 하나를 돌려드리려 했는데, 그 하나가 더 맛있어 보이는 것입니다. 그래서 한 입만 깨물었습니다. 그랬더니 그것이 너무 당도가 높고 맛있는 겁니다. 그래서 다 먹고 깡탱이만 하나님께 돌려드렸다는 예화입니다. 무슨 이야기입니까? 10개가 다 하나님의 것인데 9개를 나에게 주시고 그중 하나를 원했는데, 우리는 그 하나도 드리지 못한다는 것입니다. 구약시대에는 자기가 소유한 땅은 없었습니다. 하나님의 땅을 맡아서 경작하고 50년마다 경작하던 땅은 다시 원 경작자에게 돌아갔습니다. (레 25:10) 땅과 그 안에 가득 찬 것이 모두 다 주님의 것이었고, 온 누리와 거기에 사는 것이 다 주의 것이었습니다. 그래서 율법은 땅의 소산인 곡식과 나무의 열매인 포도주와 기름의 십 분의 일을 하나님께 바치라고 했으며, 짐승은 목자의 지팡이 밑으로 짐승을 지나가게 하여 열 번째 것은 다 성스러운 것이니 바치라고 했습니다. (레 27:32) 이렇게 바쳐진 성물은 속죄 제물로 쓰이거나, 제사장이나 레위인의 음식이 되었습니다.

우리는 지금은 성전이 아닌 교회에 나가는데, 우리가 그 옛 전통을 따라야 하느냐 하는 것은 별도의 문제입니다. 그러나 우리를 위해 십자가에 돌아가시고, 우리도 그리스도와 함께 죽고 거듭나 제2의 새 삶을 살게 해 주셨는데 내 것이 어디 있습니까? 다 주님의 것인데 십일조(1/10)가 왜 아깝겠습니까? 감사함으로 즐겨 낼 뿐입니다. 그러나 수십 가지가 넘는 헌금 종류를 만들어 자기도 질 수 없는 짐을 남에게 지우거나, 과부의 두 렙돈처럼 전 재산 바치기를 권유한다든가, 하늘에 보화를 쌓아야 복을 받는다고 헌금하는 사람들에게 그릇된 생각을 부어 넣어 준다든가, 받쳐진 헌금을 어처구니없이 잘못 사용하는 일들은 교회가 삼가야 할 일이라고 생각됩니다. (2024.05.07.)

23

와서 보아라

> 그때 예수님은 '따라오너라. 그러면 알게 될 것이다.' 하고 대답하셨다. 그래서 그들은 가서 예수님이 계시는 곳을 보고 그 날 예수님과 함께 머물러 있었는데 때는 오후 4시쯤이었다.
>
> 요 1:39

    세례 요한이 광야에서 세례를 베풀고 있을 때 예수께서 그에게 세례를 받으러 오셨습니다. 요한은 굳이 반대하였으나 "지금은 그렇게 하도록 하여라. 이렇게 하여, 우리가 모든 의를 이루는 것이 옳다. (마 3:15)"라고 간청하셔서 그렇게 세례를 베풀었는데, 그때 하나님의 성령이 비둘기같이 임해서 "이는 내 사랑하는 아들"이라는 음성을 들었습니다. 그래서 요한이 그 뒤 예수의 지나가심을 보자 자기를 따르는 제자에게, 자기도 몰랐는데 '성령이 어떤 사람 위에 내려와서 머무르는 것을 보거든, 그가 바로 성령으로 세례를 베푸시는 분(메시야)'이라고 자기에게 세례를 베풀게 한 분이 일러 주었다는 것입니다. (요 1:33) 그래서 요한의 제자는 예수를 따르게 되었는데 "너희는 무엇을 찾고 있느냐?" 하고 묻는 예수님의 말씀에 그들은 "랍비님, 어디에 묵고 계십니까?"라고 물었습니다. 이때 예수님의 대답이 "와서 보아라."라는 것이었습니다. 가서 보는 것 이상 더 분명한 것이 무엇이 있겠습니까?

며칠 전 우리 구역원 한 분이 자기 농장에 쑥이 많이 자랐는데 전혀 농약을 치지 않았으니 캐 가면 어떻겠냐고 말해서 우리는 흥분했습니다. 그래서 쑥을 캘 칼도 준비하고, 앉을 플라스틱 의자도 준비하고… 했는데, 그날 아침에 약간 비가 내리는 것입니다. 아내는 땅이 젖으면 쑥 캐기도 어려우니 그만두는 것이 어떻겠냐고 말했습니다. 저는 뭐든 하자는 편입니다. "배울 것이 없는 사람은 다 신 사람이다.", "아무것도 할 것 없는 사람은 죽은 사람이나."라는 말을 일리가 있다고 생각하고 있는 사람입니다. 그래서 저는 낮부터는 해가 쨍쨍 비친다니 일기 예보를 믿어 보자고 달래서 11시까지 그곳에 갔습니다. 몇몇 반가운 다른 구역원들도 있어 풍성하게 무리를 지어 자라고 있는 쑥들을 쑥 향기를 맡으며 실컷 캐고 있었는데, 12시가 되니 점심을 먹으라고 부르는 것입니다. 밖에 불을 피운 그릴에서 맛있는 냄새를 풍기는 고기와 커피 가루를 뿌려 길렀다는 야들야들한 상치와 함께 맛있는 식사를 하였습니다. 그곳이 사랑이 있는 가정이고, 사랑이 넘치는 구역이었습니다. 찬송하고, 성경 읽고, 지난주 설교를 반추하고, 말씀의 적용을 토론하고, 구역 헌금 내고 하는 것보다 구역이 무엇이냐고 묻는 사람에게 우리들의 서로 사랑하고 지내는 구역의 모습을 "와 보라" 하는 것보다 더 간단한 대답이 어디 있겠습니까? "우리 집에 와 보라. 우리 교회에 와 보라." 이것이 우리의 전도입니다.

"나의 말과 나의 선교는 지혜에서 나온 그럴듯한 말로 한 것이 아니라, 성령의 능력이 보여 준 증거로 한 것입니다. 그것은, 여러분의 믿음이 인간의 지혜에 바탕을 둔 것이 아니고, 하나님의 능력에 바탕을 둔 것이 되게 하려는 것입니다. (고전 2:4, 5)"라는 바울의 말을 몇 번이나 생각나게 했습니다. (2024.05.14.)

24

아버지의 유언

> 그리고서 야곱은 자기 아들들에게 이렇게 명령하였다. '이제 나는 내 조상들이 있는 곳으로 가려고 한다. 너희는 내 조상들이 묻힌 헷 사람 에브론의 밭에 있는 굴에 나를 장사하여라.'
>
> 창 40:20

제 아버지는 한의사가 왕진 후 바로 돌아가셔서 유언을 하지 않으셨다고 합니다. 그러나 저는 그분의 마지막 말씀이 유언이었다고 지금도 생각하고 있습니다. 어머님께서 제게 들려주신 말씀은 "내가 마지막으로 네 아버지에게 들은 말은 '보고 싶은 사람'이라고 그리운 모습으로 한 말이 마지막이었다."라는 것이었습니다. 저는 그 말을 '보고 싶지만, 제가 뜻을 이루기까지 집으로 부르지 말라'는 것이었다고 생각합니다. 저는 그때 미국에서 학위 과정에 있을 때였습니다. 그래서 제가 아버님의 부음을 들은 것은, 소천 두 주 후 우연히 문안 전화를 드렸다가 알게 된 것이었습니다. 저는 미국에서 목사님과 그때야 추도 예배를 드리며 울음을 삼켰습니다. 당시 제가 떠올린 아버지에 대한 기억은, 제가 초등학생 때 학교 귀갓길에 홍수에 덮인 길을 걷다가 익사해서 죽을 뻔하다 살아나서 돌아왔을 때 기뻐하시던 모습, 중학교 때 제가 전신주에서 감전되어 실신했을 때 저를 울면서 업고 뛰었다는 이야기 속 아버지의 모습이었습니다. 그리고 태어난 지 한 달도 되지 않은 아이를 포함 연년생의 애들 셋을 아내와 함께 시골 교장 관사에 사시는 아버님 댁에 맡기고 대학 편입을 결단했을 때, 어머님이 저를 위해 기도하러 처음 교회에 나가시겠다고 하실 때, 아버님은 아들이 단행한 혁명 전선에 당신도 뛰어들 테니 걱정하지 말라고 아내를 위로하셨다는 말들이었습니다.

 1978년 6월 20일, 저희는 미시간주립대학교에서 석사를 마치고 텍사스로 향하고 있었습니다. 이 년 만에 재직하던 대학의 학비 지원이 끊겼기 때문에 자력으로 학비를 조달할 능력이 없으면 귀국할 수밖에 없었습니다. 그때 텍사스의 아내 친구가 그곳에 오면 여자도 월 1,000불 정도의 수입은 가뜬히 보장받을 수 있으니 오라는 것이었습니다. 그래서 이삿짐을 다 싸서 차에 싣고 댈러스에 가는 중이었습니다. 친구가 말한 부수입이 사실이면 그곳에 머물러 학위를 계속하고, 그렇지 않으면 바로 귀국하기 위해서였습니다. 나이 45세에 귀국하면 학위는 포기한다는 뜻이었습니다. 여행 중 휴게소(Rest Area)에서 우리는 집을 떠날 때 마지막으로 받은 편지 두 통을 그때야 뜯어보게 되었습니다. 하나는 동생에게서 온 것이고, 하나는 어머니에게서 온 것이었습니다. 동생의 편지는 아버님 병세가 악화하고 있으니 빨리 귀국하라는 것이었고, 어머님이 아내에게 보낸 편지는 '내가 손자들을 돌볼 테니 너는 미국에 가서 남편을 도우라고 보냈는데, 이제는 네 애가 다 고등학생이 되어서 진학 지도도 어렵고, 특히 큰 딸은 등교 시 가끔 빈혈로 쓰러지기도 하니 책임을 못 지겠다. 너라도 돌아올 수 없겠니?'라는 것이었습니다. 저는 그때 댈러스에 도착하면 바로 귀국 준비를 하자고 제 결심을 아내에게 말했는데, 결국 거기서 학위를 마치게 되었습니다. 저는 지금도 아버지의 유언을 이루어 드린 것일까 아니면 임종을 지켜 드리지 못한 불효자식일까 하고 아버님의 기일이 되면 해답을 받지 못한 이 변명을 되풀이합니다. (2014.05.21.)

25

시끄럽다

> 누구든지 내가 하는 말을 들어라. 내가 하는 변명에는 조금도 거짓이 없다. 나는 전능하신 하나님이 내 말에 대답해 주시기를 원하고 있다. (…)
>
> 욥 31:35

위 말씀은 욥이 자기 사정을 들어 주는 사람이 없어 하나님께 호소하는 말입니다. 그런데 요즘은 대화나 언어 소통이 안 되어 욥처럼 답답한 '불통' 시대입니다.

의사는 환자들이 말을 안 듣는다고 불평합니다. 환자가 두 달 가까이 기침이 심하다고 하여 엑스레이 사진을 찍었는데, 별 이상이 없었답니다. 그래도 기침이 간헐적으로 일어나며 그러고 나면 목소리가 허스키해진다고 또 호소했다고 합니다. 청진기로 심장 박동을 잘 듣고 환자에게 모든 것이 정상적이니 2, 3일 처방한 약을 드시며 기다려 보라고 했더니, 그 말은 듣는 것 같지 않고 나이가 많아지면 남자도 남성 호르몬이 결핍되어 면역력이 약해진다고 하니 호르몬 수치를 좀 놓아 달라고 했다는 것입니다. "그럴 필요가 없을 것 같은데요. 그러나 꼭 원하시면 채혈을 해 놓고 가시면

3일 이내에 알려 드리겠습니다."라고 했더니 또 엉뚱하게 채혈 같은 귀찮은 일 하지 않고 그냥 비아그라를 사 먹으면 안 되겠냐고 했다고 합니다. 의사는 이 불통 환자가 답답하다고 호소합니다. 환자가 진단을 받으러 와서 의사의 말은 듣지 않고 자기가 약까지 지정해서 처방하려 하고 있다고 말합니다. 남이 말을 할 때 어떻게 응수를 해 줄까 하고 생각하며 듣는 것은 정말 경청하는 태도가 아닙니다.

목사 사모도 목사와 소통이 안 되는 모양입니다. 목사가 아내를 데리고 부모를 찾아뵈러 가면 아내는 제 세상 만난 것처럼 기뻐서 시어머니에게 말을 안 들어 주는 목사에 대해 하소연을 한다고 합니다. 그러면 시어머니는 "네가 참 힘들겠다."라고 며느리 편을 들며, 때로는 목사에게도 세심하게 아내에게도 신경을 써 주라고 주의도 준다고 합니다. 정말 말 안 들어 주는 목사가 답답하여 목사 사모는 시어머니에게 호소하는 것인데, 정도가 지나치면 시어머니는 한마디 한다고 합니다.

"시끄럽다!"

그러면 상황이 끝납니다. 시어머니와의 대화가 끝나고 며느리는 자기 말을 들어 줄 사람을 잃은 것입니다. 나는 자식들을 다 출가시켜 버리고 노부부 두 사람이 살고 있습니다. 그래서 두 사람의 대화가 막히면 온 가정이 불통 가정이 되는 것입니다. 그러나 나는 비교적 아내의 말을 잘 들어주는 사람입니다. 아내는 나를 아이들 다루듯 합니다. 내가 외출하려 하면 "옷을 다 입고 나면 반드시

거울 앞에 서서 보세요. 가시는 길은 알고 있겠지요? 정말 운전할 때 길을 자주 바꾸지 마세요. 도착하면 손을 씻으세요. 그리고 전화하세요. 남의 말만 듣고 자기 말은 하지 마세요…" 이렇게 문을 나서기 전까지 계속 주의를 환기합니다. 그럼 나도 모르게 "시끄럽다!" 하고 극약 처방을 내립니다. '말 들어 주기'를 끝낸 것입니다. 그러나 저는 운전하고 가면서 이제 우리는 불통 가정이 되는 것이 아닐까 하고 후회합니다. 아무 해결은 없어도 그냥 끝까지 들어 주는 사람은 없을까요? (2024.05.28.)

26

염려하지 말라

> 너희는 먼저 하나님의 나라와 그의 의를 구하여라. 그리하면 이 모든 것을 너희에게 더하여 주실 것이다.
>
> 마 6:33

위 말씀은 '염려하지 말라(6:25, 34)'는 말 사이에 끼어 있는 가르침입니다. '무엇을 마실까, 무엇을 입을까' 염려하지 말고 또 '내일 일을 위하여' 염려하지 말고 하나님의 의를 먼저 구하라는 것입니다. 염려는 보이지도 않고 손에 잡히지도 않는 것이지만 한 번 마음에 들어오면 눈덩이처럼 커지며 마귀처럼 우리 마음을 사로잡습니다. '감기가 왜 낫지 않을까. 큰 병이 걸인 게 아닐까? 이러다 죽으면 어떻게 되지…' 끝없이 염려는 커집니다. 인간은 하나님으로부터 지상으로 추방된 이래 평생 수고하게 되어 있습니다. 어쩔 수 없습니다. 그런데 어떤 것을 염려한다고 무엇이 달라지겠습니까? 염려는 염려함으로 염려가 사라지지 않습니다. 가뜩이나 내일 있을 일까지 염려를 당겨서 오늘을 망치는 염려까지 할 이유가 없습니다. 우리를 지키시는 예수 그리스도께서는 어제나 오늘이나 영원히 한설같은 분이십니다.

저는 미국에서 조교로 학위 과정을 하고 있을 때 한국에는 대학에 다니는 두 아들이 있었습니다. 그리고 미국에서 저는 아내와 딸과 막내아들과 함께 살고 있었습니다. 저는 아내의 도움으로 고학을 하면서 한국의 두 아들에게 생활비를 보내며 그곳 식구들과 함께 살아야 했습니다. 저에게는 해야 한다면 염려해야 할 일이 한둘이 아니었습니다. 의료 보험도 없는데 아내와 나 둘 중 하나라도 아프면 어떻게 될까? 또 중고차를 가지고 있었는데 고장이 나면 어떻게 될까? 학위 논문을 제대로 쓰지 못하면 어떻게 될까? 고향에 두고 온 애들이 아프거나 돌보고 계시는 부모님께 무슨 탈이 생기면 어떻게 될까? 저는 그때까지 저를 인도하시고 안보해 주신 하나님을 굳게 믿는다고 매 순간 고백하고 있었습니다. 그러나 제가 그때 구체적으로 부딪쳐 오는 이런 염려를 했다면 한순간도 자신을 지탱할 수 없었을 것입니다. 그런데 저는 기적적으로 그런 염려를 하지 않고 공중의 새가 벌레를 물어 나르듯 매일매일 우리에게 주어진 일에만 열중해서 살았습니다. 오히려 이웃 교우들이 제 딱한 가정을 위해 기도했다면서 위로의 말을 했습니다. "여러분 가운데 고난을 받는 사람이 있습니까? 그런 사람은 기도하십시오. (약 5:13)", "아무것도 염려하지 말고, 모든 일을 오직 기도와 간구로 하고, 여러분이 바라는 것을 감사하는 마음으로 하나님께 아뢰십시오. (빌 4:6)" 이런 말씀을 따라 염려가 생길 때마다 기도로 하나님과의 관계를 먼저 회복하고 평안을 얻어야 하는데, 그러지도 않았습니다.

    저는 그때 특별히 신앙이 좋았다는 생각은 하지 않고 있습니다. 그러나 하나님의 뜻을 온전히 믿고 순종하고 사는 것 외 다른 생각을 할 수 없었기 때문에 염려가 없었다고 생각합니다. 하나님의 의를 구하는 것은 이런 일이 아닐까요? (2024.06.25.)

27

흑백 논쟁

> 여호수아는 여리고에 가까이 갔을 때 갑자기 한 사람이 칼을 빼들고 자기 앞에 나타난 것을 보았다. 그래서 여호수아는 그에게 다가가서 '너는 우군이냐, 적군이냐?' 하고 물었다.
>
> 수 5:13

한 교회에서 가끔 청백으로 나누어 초여름에 운동회를 하는 경우가 있습니다. 종합 성적으로 우승하면 상품이 푸짐합니다. 그래서 양 팀에서는 열띤 응원을 합니다. 그런데 만일 양 팀이 하나님께 기도하면서 자기편을 도와 꼭 이기게 해 달라고 하면 어떻게 될까요? 한 교회의 한 하나님인데, 어느 편을 들어야 할지 하나님도 난감할 것 같습니다. 하나님이 자신은 아무 편도 아니라고 한다면 흑백 논자들은 하나님을 회색분자라고 비난할 것입니다. 청 아니면 백인데 아무 편도 아니라면, 하나님은 양다리를 걸치는 그런 분일까요?

여호수아가 모세를 대신하여 이스라엘의 지도자가 되어 하나님의 말씀에 순종하여 가나안 땅으로 진군하였습니다. 요단강을 말리고, 길갈에서 제단을 쌓았습니다. 이 일로 아모리 사람들이 마음이 녹아 이스라엘 사람들 때문에 정신을 잃은 적기에 여리고를 공략하지 않고 모두 할례를 받게 했습니다. 유월절과 무교절을 지내고 이제 여리고 공략을 앞둔 여호수아에게 칼을 빼 들고 자기 앞에 선 사람이 나타났습니다. "너는 우리 편이냐? 우리의 원수 편이냐?"라고 여호수아가 물었습니다. 이때 만일 그가 자기편이 아니라고 했다면 단칼로 그를 배었을 것입니다. 청 아니면 백이기 때문입니다. 그런데 그의 대답은 청도 백도 아니며 "아니라 나는 여호와의 군대 대장으로 지금 왔느니라."라는 답이었습니다. 백 편도 청 편도 아닌 하나님 편이 있었던 것입니다. 여호수아가 바로 땅에 엎드려 절하고 그에게 이르되 "내 주여, 종에게 무슨 말씀을 하려 하시나이까?"라고 했습니다.

미국의 제16대 대통령 에이브러햄 링컨이 노예 해방의 남북 전쟁 때 전세가 불리해졌습니다. 그때 링컨의 참모가 "각하 하나님은 우리 편에 계실까요, 남군 편에 계실까요?"라고 물었다고 합니다. 링컨의 대답은 "나는 그런 것 가지고 고민하지 않네. 내 고민은 '하나님이 우리 편에 계신가, 적의 편에 계신가' 하는 것이 아니라 '내가 하나님 편에 있는가, 그렇지 않은가' 하는 것이네."라는 것이었다고 합니다.

청백론 자는 자기 뜻대로 되지 않으면 하나님을 원망합니다. 하나님이 자기편이 아니라고 생각하기 때문입니다. 부르짖으면 응답하시겠다는 하나님은 어디 계신가? 구하면 주신다는 하나님이 안 주시니 어떻게 된 것인가? 모든 것을 은사로 아낌없이 주신다는 하나님은 세시는가? 아침에 내 소리를 들으시는 하나님은 가끔 주무시는가?

기도는 내가 하나님 편에 서려고 십자가를 지는 훈련이 아닐까요? (2024.07.16)

28

말이 없는 자연

> 낮이 이 사실을 낮에게 말하고 밤도 이 사실을 밤에게 전하니
>
> 시 19:2

도심을 떠나 시골의 자연에 안기면 먼저 소음이 없습니다. 경쟁하는 광고판이 없습니다. 그러나 나무 사이에 앉아 있으면 어떤 신비한 음성이 들리는 것 같습니다. 다윗은 그런 신비한 체험을 한 모양입니다. 하나님은 빛을 창조하시고 빛과 어둠을 나누었는데, 말이 없는 자연은 그 속에서 빛인 낮은 낮에게 속삭이고 어둠인 밤은 밤에게 속삭여서, 창조의 신비를 자연 속에서 계시하고 있습니다. 이 영광스러운 모습을 보고도 불신자는 왜 창조주 하나님을 보이라고 하는 것일까요?

이번에 저는 '제2회 세종 산야초 힐링 축제'에 다녀왔습니다. 자연을 가까이하기 위해서였습니다. 운주산 기슭에서 자라는 하얀 민들레, 엉겅퀴, 와송, 곰보배추, 자색 돼지감자, 슈퍼 여주 등 각종 산야초를 내놓고 팔고 있었습니다. 이 힐링 축제는 자연식에 길들었던 우리가 갑자기 육류와 기름진 서양 음식으로 식습관이 바뀌어 선강이 나빠졌기 때문에 자연 선호적인 옛날 음식 습관으로 되돌아가자는 운동의 하나로 만든 축제인 것 같았습니다. 하나님께서 아담에게 말씀하시되 "네가 먹을 것은 밭의 채소(창 3:18)"라고 하셨는데, 우리는 단 것과 기름진 고기와 밀가루 음식과 카페인을 더 좋아하게 되었습니다. 다니엘은 바벨론 왕의 음식을 거부하고 채식을 고집하여 아름다운 용모를 유지했음을 잊은 것입니다.

제가 이곳에 와서 또 놀란 것은, 이 산야초들이 많이 자라고 있는 운주산 기슭의 '뒤웅박 고을'에 장류 동산 테마공원이 만들어져 있다는 것이었습니다. 지금도 간장, 된장 등 장류 독이 수백 개가 놓여 있는 뜰이 있는데, 그곳에 한국의 한 어머니가 평생을 장독대를 어루만지며 정화수를 떠서 정성을 다하여 빌며 온 가족과 이웃들의 먹거리인 장을 담그고, 된장을 담가서 섬겨 왔다고 합니다. 지금은 그분의 아들 손동욱 씨와 그곳 임직원 일동이 어머니가 아들처럼 아껴서 쓰던 장독을 그대로 유지하고 가꾸면서 거기서 나오는 간장과 된장을 사용하여 동산의 중턱에 세운 식당 장향관(醬鄕館)에서 음식을 만들어 홍보하고 있습니다. 손동욱 씨는 1985년 7월 15일에 이 장류 동산을 세우게 되었다고 회고하고 있습니다. 어머니를 사모하는 마음이 조각마다 묻어나는 것 같았습니다. 저는 이 장류 동산 테마공원을 다 돌아 박물관을 지나서 주차장 옆자리에 이북에서 2011년 10월에 작고한 동생 오영재의 시를 보게 되었습니다. 어머니를 사모하며 쓴 「늙지 마시라」라는 시였는데, 2000년 제1차 남북 이산가족 만남으로 한국을 방문했을 때는 그렇게 그리던 어머니는 5년 전에 작고하고 안 계셨습니다. 그러나 그의 시가 지금 바위 시비에 새겨져 땅 위에 솟아 있는 것을 보고 너무 놀랐습니다. 손동욱 씨가 자기 어머니를 그리며 마음으로 외쳐 어머니를 부르던 소리가 땅속에서 어머니를 그리던 동생을 불러 서로 마음이 소통하여 그 시비를 땅에서 솟아나게 한 게 아닌가 생각했기 때문입니다. (2014.07.23.)

29

전파되는 그리스도

> 그러나 어떤 사람들은 순수한 동기로 그리스도를 전하지 않고 갇혀 있는 나를 더욱 괴롭힐 생각으로 이기적인 야심에서 그리스도를 전하고 있습니다. / 그러나 그릇된 동기에서든 참된 동기에서든 어쨌든 전파되는 것은 그리스도이므로 내가 기뻐하고 앞으로도 기뻐할 것입니다.
>
> 빌 1:17~18

바울은 로마 감옥에 연금되어 있으면서 빌립보 교인들에게 편지합니다. 자기가 감옥에 갇혀 있어서 오히려 모든 왕궁 시위 대원과 그 밖에 모든 사람에게 복음을 전하게 되므로 핍박을 받는 전도자들이 자기를 보고 더욱 담대하게 주를 전하게 되니 좋고, 또 자기를 시기하는 사람들은 자기가 없는 것을 기회로 자신들의 명성을 회복하려고 열심히 주를 전파하니 참으로 하든지 거짓으로 하든지 그리스도가 전파되고 있으니 기쁘다고 말합니다. 바울을 가둔 것은 복음의 저해가 되지 않고, 오히려 잠잠하던 사람들에게 성령으로 전도의 불을 붙여 복음의 진보가 되었다는 것입니다.

저는 조직과 제도와 율법은 기독교를 화석화하지만, 성령을 받은 한 사람의 헌신은 어느 경우든, 어떤 환경에서든 기독교에 생명을 불어넣는다고 확신합니다. 다음은 하워드 헨드릭스에 관한 이야기입니다.

  그는 소년 시절을 미국의 필라델피아에서 보냈습니다. 그는 부모가 이혼해서 사는 결손 가정에서 자라, 학교에서 불량소년으로 지냈습니다. 5학년 담임은 헨드릭스 패가 너무 거칠어 그중 다섯 사람은 분명 감옥에 갈 것이라고 예고했는데, 정말 세 사람이 감옥에 갔다고 합니다. 그때 담임은 헨드릭스가 너무 말썽을 부렸기 때문에 그를 의자에 묶어 놓고 입을 테이프로 봉해버린 일도 있었다고 합니다. 그는 공부는 하지 않고 길거리로 나와 불량배들과 어울려 놀고 있었습니다.

  이때 그 마을에 처음 들어온 교회에 월트라는 청년이 있었는데, 그는 그리스도에 심취해서 주일 학교 담당자에게 가서 자기도 학생을 가르치고 싶다고 열망했습니다. 그러나 그 청년은 교육 경력이 겨우 초등학교 6학년이었기 때문에 담당자는 그에게 줄 반이 없다고 말하면서, 밖에 나가서 어린아이들을 모아 반을 만들면 그 반을 가르칠 수 있다고 말했다고 합니다. 결국, 그가 길거리에 나가 데려온 13명의 헨드릭스 패가 그의 학생이 되었습니다. 월트가 정성을 다해 함께 구슬치기하고, 캠프장을 뛰어오르며 친구가 된 학생들이었습니다. 월트가 가르친 이 13명 중에서 후에 11명이 목회자가 되고, 헨드릭스는 댈러스 신학교에서 52년간 교수로 있으면서 교육학의 아버지라고 불리는, 존경받는 교수가 되었습니다. 그는 월트 선생이 자기에게 무엇을 가르쳤는지 기억하지 못하지만,

그는 주님을 대신해 그들을 사랑하고 부모보다도 더 진실한 사랑으로 그들을 사랑한 것을 안다고 회고했습니다. 월트의 주님 사랑의 열정이 그들을 주님 앞으로 인도한 것입니다. 시카고의 무디 성경 연구소(Moody Bible Institute)의 학장이 된 핸드릭스의 제자 스토웰(Joseph Stowell)은 훌륭한 멘토는 믿음대로 살고 가르친 대로 산 분인데, 헨드릭스 박사가 바로 그런 분이라고 말했습니다. (2024.08.12.)

30

성경 공부가 싫다

> 여러분도 성령 안에서 하나님이 계실 집이 되기 위해 그리스도 안에서 함께 지어져 가고 있습니다.
>
> 엡 2:22

바울은 자기가 전도 여행 때 가장 오래 목회했던 예배소 성도들을 향해 유대인과 이방인 신자들이 사랑으로 하나가 되어 십자가에 돌아가심으로 계명의 율법을 폐하신 주 안에서 한 새사람이 되어 화평케 하라고 당부합니다.

"여러분은 사도와 예언자의 터 위에 세워진 건물이요, 그리스도 예수 스스로가 그 모퉁잇돌이십니다. (엡 2:21)"

즉, 부활한 그리스도에 의해서 위임받은 특별한 권위를 가진 사도들과 특별한 예언의 은사를 받은 선지자들의 터 위에 세운 건물이 교회라는 것입니다. 이렇게 유대인과 이방인이 함께 연결하여 지어져 가는 건물이 하나님께서 성령으로 거하실 교회로 완성되어 가는 실체라는 것입니다. 그럼 교회의 주인은 누구입니까? 주님 입니다. 모두 그렇게 믿고 있습니다. 그런데 저는 며칠 전 이재철 목사가 쓴 『회복의 목회』라는 책을 읽고 우리는 예수님이 교회의 주인이 되는 것을 싫어하고 있다는 것을 깨닫게 되었습니다.

이재철 목사는 목회를 시작할 때 자기 임기는 안식년을 포함해서 10년이라고 정했다는 것입니다. 장로도 임기를 13년으로 정했다고 합니다. 목사나 장로가 오래 교회에서 주인 행세를 하고 끝내는 원로 목사, 원로 장로까지 되어 교회에서 대접을 받고 살게 되면 그것은 예수님을 대신해 그들이 교회의 주인이 되기 때문이랍니다. 이 목사는 이를 실천하기 위해 임기 7년째부터 새 목사를 찾기 시작했습니다.

교인들은 어떠했을까요? 목회 잘하고 있고, 설교도, 행정도 잘하시는 분이 왜 떠나려는지 알 수가 없습니다. 교회의 안 보이는 주인은 예수님, 보이는 주인은 목사님이면 안 되는가? 목사가 오래 있다고 교회의 주인이 되는 것은 아니어서 교인들과 호흡이 잘 맞으면 세습을 해서 그 아들까지 이 교회의 목사로 있어도 괜찮다고 생각합니다. 무엇이 문제인가? 또 교리를 따지고 성경 묵상을 한다고 성경 공부 하는 것도 그렇습니다. 그저 믿으라는 대로 믿고, 설교를 은혜스럽게 듣고 집에 가면 되는 것 아닌가? 목사는 주인은 아니지만 천당 문까지 우리를 데려다줄 사람이면 됩니다.

이재철 목사는 과격하고 독선적인가? 저는 자신을 돌아봅니다. '교인들이 교회의 주인이야 어떻든 이대로가 편하고 행복하다면 힘들게 성경 공부를 하라고 강권하는 것도 싫을 것이다.'라고 생각합니다. 그러면서 로마서의 말씀을 생각합니다.

"인간은 하느님을 알면서도 하느님으로 받들어 섬기거나 감사하기는 커녕 오히려 생각이 허황해져서 그들의 어리석은 마음이 어둠으로 가득 차게 되었습니다. 인간은 스스로 똑똑한 체하지만, 실상은 어리석습니다. 그래서 불멸의 하느님을 섬기는 대신에 썩어 없어질 인간이나 새나 짐승이나 뱀 따위의 우상을 섬기고 있습니다. (롬 1:21-23)"

편차고 쉽게 하나님을 알면 점차 우상 숭배자가 된다고 생각합니다. (2024.08.19.)

31

순종하는 기쁨

> 이와 같이 그들은 여호와의 명령에 따라 진을 치기도 하고 행진도 하여 여호와께서 모세를 통해 지시하신 말씀에 순종하였다.
>
> 민 9:23

저는 이번에 여수의 예울마루 대극장에서 공연한 '순교 64주기 손양원 기념 음악회'에 다녀왔습니다. 며느리가 그곳에서 피아노 파트를 맡았기 때문이었습니다. 가족 중 다 아프고, 바쁘고 해서 갈 사람이 없었기 때문에 제일 한가한 우리가 가기로 한 것입니다. 나도 기침을 너무 심하게 하고, 또 대전에서 여수는 먼 거리였기 때문에 운전해서 가기는 무리라고 아내는 걱정하였습니다. 요즘 우리는 꼭 안 가도 되고, 그러나 가면 더 좋은 곳이 있을 때 결정을 못 하고 방황할 때가 많습니다. 그런 때는 기도합니다.

"하나님, 제가 갈까요?"

물론 직접적인 응답이 없습니다. 그럼 아내는 좀 더 구체적으로 기도합니다.

"꼭 가야 하면 가게 하시고, 아니면 하나님의 방법으로 막아 주십시오."

우리는 노년이 되면서 내 뜻대로 무슨 일을 무리하게 하지 않습니다. 일상생활을 하면서 기도하고 성경을 봅니다. 시편에는 주의 교훈을 늘 생각하면 내가 스승보다 더 명석해진다(시 119:99)고 했는데, 그러기를 바랍니다.

우리는 떠나게 되었습니다. 하나님께서 막으시지 않았기 때문입니다. 그곳에서 예상외로 한 목사님을 만났는데, 그가 과는 다르지만, 대학에서 내 제자였다는 것입니다. 우연히도 그는 거기서 손양원 목사 기념사업회 이사장을 하고 있었습니다. 여수에 사는 내 친구의 아들에게 내가 간다고 이야기를 해 놓았더니 그 목사를 모시고 와서 함께 점심을 들게 되었습니다. 그는 손양원 목사 유적공원 안내도 해 주었습니다. 그곳은 최근에 테마 공원으로 매우 아름답게 개수되어 있었습니다.

음악회도 감동적이었습니다. 내레이터의 설명 뒤에 곡 연주가 있었는데, 손양원 목사의 '9가지 감사'는 음악회에서 더욱 감동적이었습니다.

"한 아들의 순교도 귀하다 하거늘 하물며 두 아들의 순교리요. 하나님 감사합니다.", "미국 유학 가려고 준비하던 내 아들, 미국보다 더 좋은 천국 갔으니 내 마음이 안심되어 하나님 감사합니다." 등은 새로운 순교의 찬양으로 다가왔습니다.

끝나고 나서 제자인 목사는 여수까지 왔으니 Big-O-show를 보고 가라는 것이었습니다. 7시 50분부터 한 시간 동안 진행되는 것이었는데, 우리가 참석하지 못했던 여수 엑스포 광장 내를 들러서 오니 칠흑 같은 밤이었습니다. 여수는 굴곡이 심하고 많이 다니지 않은 길이어서 하이빔을 켜지 않고는 앞길이 보이지 않았습니다. 그런데 저는 지형은 모르지만, GPS가 지시하는 대로 운전해서 무사히 호텔까지 올 수 있었습니다. 마치 이스라엘 백성들이 광야에서 구름이 성막 위에 머무는 동인에는 그들이 진영에 머물고, 구름이 떠오를 때는 구름 따라 행진했던 것과 같았습니다.

  출애굽 한 지 일 년 동안처럼 하나님 말씀에 순종하고 살았던 때는 얼마나 복 되었을까요? 저는 하루를 지내며 하나님의 뜻에 맡기고 살았다는 생각을 했습니다. (2024.09.02.)

32

왼손이 모르게

> 너는 불쌍한 사람을 도울 때 오른손이 하는 것을 왼손이 모르게 하여
>
> 마 6:3

저는 자선까지는 아니지만 어떤 사람이나 어떤 일을 돕고 싶은 생각이 나면 그 일을 하지 않고는 마음이 아픕니다. 그런데 주택밖에는 가진 것이 없는 저는 도울 힘이 없습니다. 그래서 저와 뜻이 같은 사람들을 권유해서 함께 돕자고 합니다. 교도소나 감호 구치소 등에 선교지『다락방』을 보내려면 50부 이상씩 그리고 일 년 이상을 후원해야 합니다. 그래서 몇 사람 뜻을 모아 이런 일을 하려면 아내는 반대합니다. 하려면 혼자서 남모르게 할 일이지 왜 다른 사람에게 구걸해서 남을 힘들게 하느냐는 것입니다. 정말 저는 저를 사람에게 보이려고 나팔을 부는 것일까요?

언젠가 한 번은 교회에서 성경 공부를 하던 분이 사라지더니 몇 년 만에 소식을 전해 왔습니다. 자기는 지금 이혼을 하여 홀로 귀촌하여 시골 빈집을 얻어 살고 있는데, 심장판막증으로 몸이 붓고 호흡이 곤란해 당장 수술을 해야 한다는데, 이혼할 때 아내에게 모든 것을 주고 떠났기 때문에 가진 것은 없고, 또 보호자가 있어야 수술을 한다고 해서 교회 목사를 보호자로 의존하고 있다며 기도를 해 달라는 것이었습니다. 이번에는 아내에게 말할 수도 없어서 몰래 몇 사람에게 호소해서 함께 백만 원을 보내며 힘을 얻으라고 한 일이 있습니다. 그는 이 외에 자기 딱한 사정을 안 교회와 노인회 등에서 후원금을 받아 수술했습니다.

이번에는 인터넷을 통하여 미국 일리노이주에 있는 한 한인 교회에서 2010년부터 루게릭병(근 위축성 측색경화증)으로 시달리며 고생하는 계 목사님의 3자녀를 후원하는 후원회를 최근 조직했다는 소식을 듣게 되었습니다. 이 소식을 듣고 저는 깜짝 놀랐습니다. 그분은 제가 너무 잘 아는 목사님이었고, 그분 아버지는 제가 대학에서 함께 모셨으며, 대학을 위한 그분 내외분의 헌신은 당시 대학 구성원이 모르는 사람이 없었습니다. 그런데 그 아들 목사님의 생활이 어려워져 큰딸은 의사가 되어 외국에 나가겠다고 정규 대학에 다녔는데, 학비를 낼 능력이 없어 지방 커뮤니티 대학으로 옮겼으며, 둘째 딸도 고등학교를 졸업하게 되어 학비 걱정을 하게 되었다는 것입니다. 특히 이 큰딸은 한국에서 입양한 딸입니다. 목사가 되어 미국에 가서도 한국인 2세를 위해 목회를 하셨고, 뒤로는 한국인뿐 아니라 여러 나라 여러 민족의 교회 개척에 힘썼는데, 루게릭병이 심해지자 그것도 못 하게 된 모양입니다.

또 돕고 싶은 마음이 발동하여 이번에는 그분 부친이 섬기던 대학의 구성원과 그분의 은혜를 받고 지금 신앙생활을 충실히 하는 분이나 그분 밑에서 교육을 받은 졸업생들에게 한국에서도 후원회를 조직하자는 말을 하게 되었습니다. 이것이 오른손, 왼손을 다 알게 하는 구제며, 오지랖 넓은 짓이며, 자기 이름을 내기 위해 나팔을 부는 짓일까요? (2024.09.10.)

33

눈먼 새

> 새가 지켜보고 있는데 그물을 치는 것은 소용없는 일이다.
> 잠 1:17

새를 잡으려고 그물을 치는데 새가 보는 앞에서 그물을 치면 헛수라고 말합니다. 그런데도 그 그물에 걸려든 새는 눈먼 새거나 불속을 뛰어드는 불나방입니다.

고속도로를 주행하다 보면 곳곳에 과속 단속 카메라가 설치되어 있고, 그 지점에 접근하면 여기저기 경고판이 붙어 있습니다. 이것은 여기 그물이 쳐 있으니 조심하라는 경고입니다. 또 차에 GPS를 켜고 가면 어김없이 '과속 단속'에 조심하라는 경고음이 들립니다. 그런데도 그 그물에 걸려 경찰서 교통과에서 '위반 사실 및 과태료 부과 사전통지서'를 받으면 제가 '그때 잠시 눈이 멀었나 보다'라고 생각합니다. 뒤늦게 통지서를 받고 와락 기분이 나빠지며 심장이 뛰기 시작합니다.

저는 이번에 여수의 음악회에 다녀왔는데 3주가 좀 지나자 범칙금 납부 통지서가 날아왔습니다. 고속도로를 달리고 있으면 제한 속도 100km를 고수하고 달릴 수가 없습니다. 모든 과속 차들이 무섭게 달려와서 내 꽁무니에 바짝 붙어 헤드라이트를 비추거나, 위험하게 노선을 변경하여 비껴가기 때문에 차량의 흐름에 나도 따르지 않을 때는 위험할 때가 많습니다. 노상에 설치된 단속 카메라를 주의합니다. 과속 단속인가, 교통 정보 수집인가, 단순한 CCTV 촬영인가 잘 알아봐서 속도를 줄입니다. 과속 단속 카메라는 2-30m씩 거리를 둔 제1 센서와 제2 센서를 두어 마지막 카메라에 도착할 때 그 평균 속도로 과속 측정을 한다는 것을 알기 때문에 적어도 카메라 전 60m부터는 규정 속도로 줄여야 한다는 것을 잘 알고 있습니다. 처음에는 모든 카메라에 놀라서 속도를 줄였는데, 이제는 노란 판에 '과속 단속'이라고 써진 것 외에는 그렇게 놀라지 않게 되었습니다. 또 구간에 따라서는 '구간 단속'을 하는 곳이 있어서 긴 구간을 조심합니다. 정말 어려운 것은 진입 시의 속도와 구간 평균 속도와 종료 시점 속도 중 제일 빠른 것을 기준으로 속도 위반을 결정한다니, 여간 조심스러운 것이 아닙니다. 어쩌다 놓쳐서 진입 시의 속도가 높았다면 후회해도 소용없는 일입니다. 저는 그렇게 조심했는데도 걸린 것입니다. 과속이 20km 미만만 되어도 범칙금 3만 원에 벌점이 없는데, 저는 20km(21km)가 초과되어 범칙금 6만 원에 벌점 15점이었습니다. 순천 원주 고속도로를 빠져나와 여수 쪽으로 나가는 17번 국도였는데, 국도가 너무 잘 닦여 있었고, 고속도로를 달리던 관습으로 제한 속도가 80km라는 것을 모르고 101km로 달린 모양이었습니다.

아내는 노인이 왜 과속을 해서 정말 쓸데없는 돈을 물게 하느냐고 짜증을 냈습니다. 제가 꼬리를 내리고 있는데, 큰소리로 화냈습니다.

"도대체 그때 내비(GPS)는 무엇 하고 있었대요?"

희생양을 찾기는 찾았는데, 제가 그때 경고음을 못 들었는지 업그레이드를 안 했는지 알 수 없는 일이었습니다. (2014.09.17.)

34

자기 의와 교만

> 바리새파 사람은 따로 서서 '하나님, 나는 다른 사람들처럼 사기꾼도 아니고 정직하지 못하거나 간음하는 사람도 아니며 또 이 세무원과도 같지 않음을 감사합니다.'
>
> 눅 18:11

저는 오랫동안 은퇴 교수회 회장을 하고 있는데, 우리 회원 중에 한 번도 모임에 참석하지 않은 사람이 있습니다. 5월 사은회 기간에 한번 재학생들이 은퇴 교수들에게 버스를 내어 문화 탐방을 주선한다니 같이 모여서 옛날이야기도 하며 즐기자고 해도, 싫다고 거절합니다. 왜 그런 모임을 만들어 회식하며 여행을 하려고 불러내는지 알 수 없다는 것입니다. 가고 싶은 데가 있으면 뜻 맞는 사람 몇 사람과 가면 되고 회식도 하면 되는데, 이렇게 여러 사람을 강제로 불러 모으는 것은 자유를 구속하는 것이랍니다. 자기는 장로 중창단과 함께 충분히 취미 생활을 하고 있고, 아직도 신학 대학에 강의를 나가고 있으며, 방송국 자문위원으로 보람 있는 생활을 하고 있다는 것입니다. 그는 저에게 속된 제가 거룩한 그를 세속으로 끌어내리려 하고 있다는 참담한 생각을 하게 했습니다.

이번에 성경을 보면서 누가복음에서 예수님께서 제자들에게 항상 기도하고 낙심하지 말아야 할 비유를 드시면서, 바리새인의 기도하는 태도를 예로 드신 것을 보게 되었습니다. 바리새인은 서서 기도하면서 자기는 바른 신앙생활을 하고 있다고 자기 의(義)를 드러내려고 하고 있었습니다. 자기는 이레에 두 번씩 금식하며 소득의 십일조를 낸다고 하였습니다. 자기의 삶이 바르고 떳떳함을 드러내고 있었습니다. 또 다른 사람과 자기의 다른 것을 내세워 교만한 태도였습니다. 자기 행위로 구원을 받은 사람이 없고, 오직 예수 그리스도의 은혜로 된 것을 모르고 교만을 떠는 바리새인은 겸손하고 모든 의를 하나님께 돌리는 세리만도 못하다는 것을 가르친 내용입니다. 한순간 저는 모임에 참석하지 않는 친구에게서 그런 모습을 보고 비난의 화살을 돌리려고 했습니다.

저는 교회에서 은퇴한 지 10년이 지났습니다. 그래서 교회의 '경로 대학'에 나오라는 권고를 여러 번 받았습니다. 그러나 한 번도 나가지 않았습니다. 왜 바쁘고 힘든 여 성도들을 불러 식사 준비를 시키고 귀한 교회 헌금으로 무슨 특권층이나 된 듯 야외 관광을 나다니는가? 좀 생산적인 일은 할 수 없는가? 이런 식의 모임은 효도를 가르치는 것이 아니라 노인들을 증오하게 하는 일이다. 그러나 하나님은 말씀하십니다.

"왜 너는 그렇게 비판적이냐? 나는 이들과 함께 기쁘다. 그동안 이들은 교회를 섬기느라고 또 나라를 지키느라 너무 힘들어 이제는 다리도 제대로 못 쓰고 허리에도 힘이 없다. 이제 편히 쉬도록 놔두면 안 되겠니? 어떤 사람은 이곳에서 컴퓨터나 붓글씨를 배우고, 소셜 댄스를 배워 제2의 인생을 경험하기도 한다. 와서 서로 삶의 어려움을 나누며 위해 서로 기도하면, 나도 그들 사이에 함께 있다. 천국을 미리 체험할 수 있도록 그냥 두면 안 되겠니?"
(2014.09.24.)

35

초청

> 예수님이 그 곳에 이르러 그를 쳐다보시며 '삭개오야, 어서 내려오너라. 오늘 내가 네 집에 머물러야겠다.' 하고 말씀하시자 / 삭개오는 급히 내려와 기뻐하며 예수님을 영접하였다.
>
> 눅 19:5~6

삭개오는 유대인으로 압제자인 로마제국의 세입 행정에 종사하는 세리장이었습니다. 그는 자기 민족을 로마인이 영속적으로 지배하는 데 일익을 담당할 뿐 아니라 로마제국의 공권력을 이용하여 부당하게 자기 민족에게 세금을 부과하기도 하고, 착취하기도 하고, 부를 축적하기도 한 '허가된 도둑'이라는 누명을 쓰고 있었다고 합니다. 그러나 로마에서는 멸시를 당하고 자기 민족으로부터도 죄인 취급을 당해 삭개오는 내적인 갈등을 많이 겪고 있는 사람이었다고 생각됩니다. 삭개오는 예수를 보고 싶었습니다. 얼마 전에도 자기가 기거하는 여리고 근처에서 앞 못 보는 맹인을 고쳤기 때문입니다. 그러나 그는 키가 작고 사람이 많아 볼 수가 없을 것 같아 돌무화과나무에 올라갔습니다. 그런데 지나가시던 예수님이 그를 쳐다보시고 "삭개오야, 어서 내려오라."라고 그를 부르신 것입니다. 예수님이 천한 삭개오를 친히 초대하신 것입니다.

　예수님이 어떻게 그의 이름을 아신 것일까요? 우리의 머리카락도 다 세신 전능하신 하나님의 신적 전지성을 의심한다는 것은 잘 못일지 모릅니다. 아니면 그의 악명이 근동에 너무 자자해서 그를 알고 계셨고, 죄인을 찾으러 오신 그분이 그에 대해 특별히 관심을 가졌는지도 모릅니다. 그러나 삭개오가 찾아간 것이 아니고 예수님께서 직접 찾으셔서 그를 초청하셨다는 것은 놀라운 일입니다.

　지금도 예수님께서는 우리 이름을 알고 불러 주시고 우리를 구원의 잔치에 초청해 주시는 것일까요? 저는 그렇다고 생각합니다. "성경 공부를 하러 가자."라고 친구가 말했다면 이것은 친구를 통해 예수님께서 그를 부르신 것으로 생각합니다. 왜 초청에 응하지 않았을까요? 이 성경 공부반은 무얼 많이 묻고 또 토의한다고 해서 교회에 와서 왜 그런 부담된 생각까지 해야 하느냐고 반대했다 합니다. 그들은 돌무화과나무에 올라간 삭개오의 열심이 없었습니다. 하늘나라 잔치에 초청을 받고도 '밭을 샀다', '소를 시험해야 한다', '장가를 갔다'는 핑계로 참석하지 않은 것과 마찬가지입니다. 하나님의 권능보다는 세속적인 삶에 더 관심이 있는 것입니다.

　저는 '하나님이 어떻게 삭개오의 이름을 알았을까?', '내 이름도 알고 계실까?', '언제 나를 부르고 계시는가?' 등을 생각하며 성경을 상고합니다. 성경이 제 삶에 간섭하시는 주님과의 교제 없이는 성경을 읽는 즐거움이 없기 때문입니다.

　매일 아침 저는 인터넷을 통해 '생명의 말씀'을 읽고, 그 해석을 읽습니다. 또 RBC(Radio Bible Class)에서 배포하는 'Our Daily Bread'를 통해 삶을 통한 말씀의 간증을 읽고 명상합니다. 이는 1838년 미시간주의 작은 집 지하에서 리처드 드한(Rev. Richard Dehaan)이 성경 공부를 하고 방송하던 것이 지금은 직원 600명을 거느린 말씀 사역의 장이 되었습니다. 이를 통해 예수님과 교제할 때 주님은 매 순간 저와 교제하며 저를 불러 주신다고 생각합니다. (2014.10.08.)

36

퇴적 공간

> 마치 해산할 여자에게 고통이 닥치듯 사람들이 평안하고 안전한 세상이라고 마음 놓고 있을 때 갑자기 그들에게 멸망이 닥칠 것이며 사람들은 절대로 그것을 피하지 못할 것입니다.
>
> 살전 5:3

하나님의 때는 시작이 있고 끝이 있습니다. 그래서 성경에는 계속 세상이 끝나는 때에 대해 말씀하고 계십니다. 하나님이 세상을 창조하시기 전 영원 전부터 시간은 있었고, 하나님이 세상을 마치는 마지막 때 이후에도 시간은 계속 존재하는 것이 아닙니다. 사람이 날 때가 있고 죽을 때가 있는 것과는 달리 하나님의 때는 한정된 시간 속에 유한하게 존재했다 사라지는 것이 아니기 때문입니다. 기독교인은 그때와 시기는 언제인지 모르지만, 죽어도 영생해서 주와 함께 마지막 때까지 주와 함께 살기를 원합니다. 그러나 우리의 지상에서의 삶은 괴롭습니다.

얼마 전 홍익대학교 조형대학장을 지낸 오근재 교수는 노인(65세 이상)들이 갇혀 있는 『퇴적 공간』이라는 책을 썼는데, 그는 그 속에서 인간은 은퇴하면 노동 시장에서 퇴출당하여 버려진 쓰레기처럼 퇴적 공간에 쌓인다고 말했습니다. 서울만 해도 탑골공원, 종묘 시민공원, 서울노인복지센터 등에 할 일 없는 노인들이 우글거립니다. 그도 그럴 것이 2013년 노인 인구는 573만 명으로, 전체 인구의 11.5%를 차지하며 앞으로 계속 늘어날 것이기 때문입니다. 물론 지금도 창의적인 일을 계속하고 있는 노인도 많지만, 대부분 기초 연금 수급자로, 별 희망 없이 세상을 살아가는 사람이 많습니다. 또 병이 들어 요양원을 찾는 사람이 많은데, 요양원이 늘어나도 감당하기가 어려우며, 지난해만 해도 노인들의 진료비가 국민 전체 건강 진료비의 35.5%를 차지했다고 합니다. 이렇게 출산율이 낮은 젊은이들이 내는 세금으로 유지되어야 할 노인들이 곳곳에 쌓이는 것을 어떻게 해야 합니까? 인간은 무기물인 쓰레기와는 다릅니다.

지난 1978년에 서울시의 쓰레기 매립지로 허락이 나서 1993년까지 15년간 서울시의 쓰레기를 버렸던 난지도에는, 15년간 8.5t 트럭 1,300만 대가 버린 쓰레기가 거의 여의도와 같은 면적의 땅 위에 98m 높이의 산을 이루어 악취를 내며 한계량을 넘었기 때문에 인천 서구로 매립지를 옮겼다 합니다. 이 난지도는 지금은 월드컵 종합공원에 노을 공원이 되어 지표상에 부스럼처럼 되어 남아 있지만, 앞으로 바다에도, 하늘에도 버릴 수 없는 쓰레기의 산은 '내 뒤뜰 빼고(Not on my back yard)' 지구상에 계속 늘어날 것입니다.

이 쓰레기의 산과 노인의 퇴적 공간은 세상의 마지막 때를 향해 가고 있습니다. 그 속에서 우리는 '평안하다. 안전하다.' 하고 장가

가고, 시집가고, 부정 축재 하고, 권력에 아부하고, 성희롱하고 환락을 즐기고 있습니다. 이때, 아기를 밴 여인에게 해산의 진통이 오는 것과 같이, 갑자기 멸망이 우리에게 닥칠 것입니다. 지구의 온도는 올라가고, 엔트로피는 계속 증가하고 있습니다. 신·불신할 것 없이 종말의 때는 가까워지고 있습니다. 2050년에는 노인 인구가 37.4%라고 추정하는데, 이 군중들이 정치인들을 등에 업고 "노인 복지 보장하라!"라고 외치면 멸망은 바로 닥칠 것입니다. (2014.10.15.)

37

하나님의 평화

> 아무것도 염려하지 말고, 모든 일을 오직 기도와 간구로 하고, 여러분이 바라는 것을 감사하는 마음으로 하나님께 아뢰십시오. 그리하면 사람의 헤아림을 뛰어넘는 하나님의 평화가 여러분의 마음과 생각을 그리스도 예수 안에서 지켜 줄 것입니다.
>
> 빌 4:6~7

예수를 믿는 사람이면 아무것도 염려하지 않고 기도하면 되는데, 그렇게 잘 안 됩니다. 그래서 우리는 마음에 하나님의 평화를 맛보지 못합니다.

저는 아들이 샌프란시스코로 일주일간 회의와 논문 발표로 떠났는데, 너무 걱정되었습니다. 초등학교에 다니는 자기 아들과 딸을 박사 후 지도를 했던 부부에게 맡기고 떠났기 때문입니다. 우리가 가서 돌봐 주었으면 좋겠지만, 15시간도 더 걸리는 거리를 날아갈 수도 없는 일입니다. 애들이 철이 들었다 하더라도 애들입니다. 며느리는 한국에서 대학 시간 강사로 나가고 있으며, 매 주일(일요일) 한 시간씩 EDS에서 〈클래식 드라이브(Classic Drive)〉라는 음악 프로그램을 진행하고 있습니다. 또 '서울 헤세드 앙상블'이라는 협

주단에서 음악 활동도 하고 있습니다. 아들은 며느리가 어려서부터 서울로 비행기를 타고 다니며 피아노 레슨을 받았으며, 서울대학교를 거쳐 미국에서 음악학 학위까지 받았는데, 애들 둘을 기르고 자기를 돕느라 자기 생을 살아 보지 못했다고, 이제는 자기가 아내를 위해 살아야 할 때라며 애들을 데리고 혼자 미국에 가서 자취하며 연구를 하는 처지입니다. 저도 아내 바보라고 꽤 소문이 나 있지만, 그런 일은 결코 감당할 수 없는 일입니다. 가부장제의 한국에서 육아는 부인에게만 맡겨 두고 있으니 우리나라는 경제협력개발기구(OECD)에서 출산율 최하위가 될 수밖에 없습니다. 그러나 아들 같은 사람만 있다면 이런 부끄러움을 면할 수 있겠지요. 그가 교통이 불편한 미 남단 플로리다에서 샌프란시스코까지 가서 도착했다는 카톡을 보내왔는데, 너무 피곤해서 먼저 자고 싶다고 말했습니다. 다음날 보내온 소식은 정신없이 8시간을 잤다는 것이었습니다. 힘들게 하는 애들이 없어 그렇게 잔 것 같아 안쓰러운 생각이 들었습니다.

내년에는 부부가 합쳐 사는 것이 어떠냐고 했더니, 다음 해에는 며느리의 친구인 음대 학장이 안식년으로 외국에 나가서 그가 맡았던 과목을 가르치기 위해 한 해는 더 있어야 한다는 것이었습니다. 시간 강사로 자투리 강의만 맡았는데, 이제 가르치고 싶은 과목을 가르칠 수 있다는데 그렇게 해야 아내가 보람을 느낄 수 있지 않겠느냐는 아들의 말에 할 말을 잃었습니다.

저는 아무래도 보수적인 사람인 것 같습니다. 회의에서 잘 돌아왔다는 카톡을 읽고 다음 날 전화를 했더니 통화가 되지 않았습니다. 알고 보니 오자마자 애들을 데리고 교회 가족 수련회에 참석했답니다. 마음이 편치 않았는데, 빌립보서 4:6~7을 읽게 되었습니다. 저는 제 마음을 왜 하나님께 아뢰고 그분의 음성을 듣지 않았을까요?

지금은 저의 헤아림을 뛰어넘는 하나님의 평화를 맛봅니다.
(2014.10.29.)

38

하나님의 형상

> '데나리온 하나를 가져오너라. 이 돈에 누구의 초상과 이름이 새겨져 있느냐?' 하고 되물으셨다. 그들이 '황제의 것입니다.' 하고 대답하자 / 예수님이 '황제의 것은 황제에게, 하나님의 것은 하나님께 바쳐라.' 하고 말씀하셨다.
>
> 눅 20:24~25

　예수님께서 마지막 십자가에서 돌아가시기 전 성전을 정화하시고 가르치실 때 서기관들과 대제사장들이 예수를 고발하기 위해 진퇴양난의 문제를 가져왔습니다. "우리가 황제에게 세금을 바치는 것이 옳습니까, 옳지 않습니까?"라는 질문이었습니다. 그들은 "옳지 않다."라는 대답을 원했던 것 같습니다. (눅 23:2) 그들은 황제에게 그를 사형에 처하도록 고발하기 위해서였습니다. 그런데 예수님은 데나리온 하나를 가져오게 하여 거기에 새겨진 형상이 누구의 것이냐고 묻고, "가이사의 것은 가이사에게 바치라."라고 긍정적인 대답을 한 것입니다. 그러면서 덧붙여 "하나님의 것은 하나님께 바치라"라고 말했습니다. 즉, 하나님의 형상으로 지어진 것은 하나님께 바치라는 것입니다. 하나님의 형상으로 지어진 것은 무엇일까요? 범죄 하기 전 우리 인간입니다. 범죄 한 뒤 회개하고 거듭난 인간입니다.

제 친구의 아버지는 자수성가해서 시골에서 작지만, 양조장을 시작해서 성공했습니다. 즉, 지방의 유지가 된 것입니다. 그런데 어느 날 밤, 갑자기 배가 아프고 토혈을 하게 되었습니다. 큰 병원에 갔는데, 위궤양이 심해서 당장 입원하고 수술하라는 것이었습니다. 이러다 죽겠다는 생각이 들어 입원했는데, 누워서 생각하니 부모와 아내와 어린 8남매가 전혀 생활 능력이 없는데 두고 죽을 수는 없다는 생각이 들어서 바로 퇴원해 버렸습니다. 그런데 만나는 사람마다 입원을 안 하려면 예수를 믿고 교회에 나가라고 하며, 그러면 병이 나을 수 있다고 많은 실화를 들려주는 것이었습니다. 자기 병은 필경 술 때문에 생긴 것일 텐데 교회에 나가면 금연 금주로 병이 낫지 않겠느냐는 생각이 들어 바로 예수를 믿는 규칙적인 생활을 시작하였습니다. 그는 양조장은 다른 사람에게 맡기고 매일 문밖출입을 자제하고, 성경을 읽고, 기도하고 찬송하며 때로는 기도원에 가기도 했습니다. 그런데 일 년 뒤 세례를 받으려고 목욕도 하고 나갔는데, 양조장 주인은 세례를 줄 수 없다고 거절을 당했습니다. 그래서 양조장도 팔고 세례를 받은 뒤 열심히 교회를 나가서 세례도 받고, 장로도 되었으며, 노회 회계도 하게 되었습니다. 그러는 동안에 병도 사라졌습니다.

저는 보통 교회에 나오라고 하면 담배와 술을 못 끊어 못 나가겠다고 하는데, 금연·금주 때문에 나가야겠다고 생각한 이분은 누구일까, 세례를 못 주겠다고 하면 술 파는 게 죄냐고 대들지 않고 양조장을 팔면서까지 장로가 된 이분은 누구일까를 생각합니다. 이분은 분명 예수를 믿고 거듭난 사람입니다. 자기는 초등학교밖에 나오지 않았지만, 시골에서 먼 곳으로 갈 수 없는 학생들을 위해 고등공민학교를 세워 운영했으며, 교회에 어린이집을 설립하여 탁아소가 없어서 일하기 어려운 부인들을 도왔습니다. 저는 이런 분이야말로 하나님의 것을 하나님께 바친 분이라고 생각합니다. (2014.11.05.)

39

당회록

> 그러나 너를 책망할 일이 한 가지 있다. 너는 너의 첫사랑을 버리고 말았다.
>
> 계 2:4

저는 지난 11월 11일 충남 금산에 있는 금산교회의 〈이자익 목회자상 수상 감사 예배〉에 참석했습니다. 이자익 목사님은 제 교회의 초대 당회장이셨고, 대전노회의 초대 노회장, 대전신학교의 초대 교장, 대한예수교장로회 총회장을 3번이나 지내신 분으로 그분의 덕을 기리기 위한 것도 있지만, 그분이 목회하시던 교회에서 예배를 드려 보고 싶었습니다. 특히 '이자익 목회자상 수상'을 기해 1925년 발행한 '대한예수교 장로회 예식서' 뒤에 기록된 예배 순서를 기준으로 예배 의식을 거행하겠다는 것 때문에 꼭 참석하고 싶었습니다.

이자익 목사는 경남 남해군 섬에서 출생하여 여섯 살에 부모를 잃고 고생하다, 17살에 육지로 나와 전전하다 김제군 금산사 길목의 거부였던 조덕삼 지주의 마방에서 마부로 일하면서 예수를 믿게 되었습니다. 조덕삼의 호의로 그의 사랑채에서 1904년 선교사

최의덕(L. B. Tate)에 의해 예배를 드리게 되고, 이듬해 조덕삼의 과수원에서 다섯 칸짜리 예배당을 마련하고 금산교회는 시작되었습니다. 세례를 이미 받았던 조덕삼, 이자익, 박화서는 1906년 집사로 임명을 받았으며, 1907년에는 조덕삼, 이자익이 영수로 임명되어 설교까지 맡게 되었습니다. 이해 6월에는 장로 투표가 있었는데, 마부 이자익이 장로가 되고, 주인 조덕삼 씨는 낙마하였습니다. 그러나 조덕삼 씨는 이자익을 격려하고 후에 평양신학교까지 보내어 공부를 하게 하고, 목사 안수 후 1915년 본 교회 목사로 초빙했습니다.

우리는 이분이 시무하던 'ㄱ' 자 교회(남녀가 목사님만 바라볼 수 있게 지은)의 마루에 앉아 1908년 판 찬송가 〈높은 일홈 찬송ᄒ고〉를 부르고, 1906년 판 성경으로 마태복음 22:11-14를 읽었습니다. 잠자리채로 구제 연보를 하고 '예복을 입어라'라는 제목으로 이자익 목사가 강도한 설교를 이인수 목사가 낭독하였습니다. 성찬식은 우리나라 전통 떡으로 하고, 포도즙은 우리나라 대접에 담은 것을 줄을 서 나가 조금씩 마시고 돌아왔습니다. 얼마나 정겨운 예배인지 알 수가 없었습니다. 우리는 "김 아무개와 김 아무개 모친은 가정불화에 관하여 권면하고, 김 아무개 댁 김 아무개는 부모에게 불효하고 주일을 범하므로 회개할 동안 성찬에 불참케 한다. 김 아무개는 주일을 범하므로 권면하고 이 아무개는 도박한 일로 출교하고, 박 아무개는 귀신을 공경하므로 출교하고, 김 아무개는 도박 일로 학습 제명하고, 조 아무개는 신앙생활을 심사하기 위해 호출하기로 가결하다."라고 1921년 당회록을 기록한 규산교회에서 예배를 드린 것입니다.

포장이 내용보다 요란하고 물질이 영혼을 앞서는 우리들의 교회가 하나님만을 섬기고 따르던 첫사랑을 회복해서 갱신된 교회의 모습을 되찾기를 기원합니다. (2014.11.12.)

40

성령의 전

> 여러분의 몸은 여러분 자신의 것이 아니라 하나님에게서 받은 것으로 여러분 안에 계시는 성령님의 성전이라는 것을 모르십니까?
>
> 고전 6:19

저는 가끔 주변으로부터 건강의 비결이 무엇이냐는 질문을 잘 받습니다. 건강하게 보이는 모양입니다. 한번은 한국장로신문에 〈우리는 장수 부부, 건강하게 삽시다〉라는 코너가 있는데, 그 코너를 맡은 기자가 인터뷰를 하자고 해서 그곳에 82세, 83세 부부로 소개된 일도 있습니다. '아침은 무얼 먹느냐?', '무슨 운동을 하느냐?' 이런 질문이었습니다. 사실 저는 건강을 별로 생각하지 않고 사는 편이어서 아내가 하라는 대로 하고 살고 있다고 대답했습니다. 아침 식사는 채소를 주로 먹는데 브로콜리, 당근, 파프리카, 삶은 달걀, 고구마, 바나나, 쑥개떡, 두유… 등 아내가 차려 놓은 음식을 먹는데, 아내는 내게 이런 음식을 다 먹게 하려고 내 몫을 담은 접시를 따로 줍니다. 그래서 저는 책임량을 다 먹고 있으며, 또 각종 영양제도 요일제로 칸을 만들어 나누어 넣은 것을 빠짐없이 먹는다고 대답했습니다.

운동은 아파트 주변을 삼사십 분 정도 걷는데, 산책길에 나오면 소음도 적고 공기도 맑아 산책하는 동안 하루 내내 머릿속을 맴돌던 여러 가지 생각들을 체계 있게 정리하고, 아침에 눈에 띄었던 성경 말씀도 묵상하게 되어 이것은 제가 하는 가장 기쁜 일이라고 말했습니다.

이것이 정말 건강의 비결이었다면 TV로 건강 상식이 풍부해진 아내의 말을 잘 들은 것과 30년이나 기거한 낡은 아파트에 있다가, 우연히 아파트 모델하우스를 보러 갔다가 하나님의 섭리로 도시를 벗어난 시골 아파트로 옮긴 탓이라 할 수 있습니다. 그런데 제가 인터뷰를 하고 난 뒤 생각한 것은 왜 모든 국민이 건강에 관심이 많으며, 그렇게 오래 살려고 기를 쓰느냐는 것입니다. 병원에 아픈 분을 심방하면 목에 호스를 끼어 음식을 삼키게 하며 몸도 왜소해져서 무덤에 가기 직전인 사람들이 있는데, 요양원에서는 최선을 다해 생명을 연장케 하려 하며, 가족들도 말은 못 하지만 죽는 것보다는 그렇게라도 살고 있으면 좋다고 매우 인도적인 생각을 하고 있다는 것입니다. 이러다가는 저도 결국 그런 신세가 되는 것이 아닐까 하고 두려워져서 건강보다는 더 잘 죽어야겠다는 생각을 하게 되었습니다.

오후 산책을 하면서 아침에 읽은 성경 말씀을 생각했습니다. "너희 몸은 성령의 전인 줄을 알지 못하느냐?"라는 구절입니다. 저는 처음으로 제가 살아 있는 동안은 건강해야 할 이유를 찾게 되었습니다. 폭음, 폭식, 과로, 스트레스, 문란한 성생활, 불규칙한 생활…. 이런 것들은 건강을 해치고 있는 것을 우리는 알고 있으면서도 이를 뿌리치지 못하고 사망의 길로 내닫고 있습니다. 이것들은 분명 하나님이 거하는 성령의 집을 더럽히는 일들입니다. 제 건강의 목표는 오래 살기 위한 것이 아니라 성령의 전을 깨끗하게 지키고, 하나님의 섭리를 깨닫고 살다 가는 일이 되었습니다.
(2014.11.26.)

41

80 평생에 선정한 10대 감사

> 우리는 세상의 영을 받지 않고 하나님께서 주신 성령을 받았습니다. 이것은 하나님이 우리에게 은혜로 주신 선물을 우리가 알 수 있도록 하기 위한 것입니다.
>
> 고전 2:12

연말이 되면 매스컴에서는 이해의 10대 뉴스를 발표합니다. 저는 80을 넘기면서 제가 선정할 수 있는 10대 감사를 찾아보기로 하였습니다.

첫째는 제 출생에 대한 감사입니다. 저더러 부지런해서 굶어 죽지는 않을 것이라고 말하는 분이 많은데, 이 성품은 어머니로부터 물려받은 것입니다. 또 가끔 글을 재미있게 쓴다는 말도 듣는데, 이것은 아버지로부터 물려받은 성품입니다.

둘째는 물속에서 건짐을 받은 감사입니다. 초등학교 때 홍수가 난 등굣길을 걷다가 익사할 뻔했는데, 냇가의 가시나무에 걸린 모자를 보고 구원을 받았습니다.

셋째는 불 속에서 지켜 주신 일에 대한 감사입니다. 중학교 때 학교 관사에 정전이 되어 전신주에 올라가 끊어진 퓨스를 고치다가 감전되어 죽을 뻔했는데, 하나님께서 땅에 떨어뜨려 살려 주신 것입니다.

넷째는 착하고 귀한 아내를 맞게 한 것에 대한 감사입니다. 신춘문예에 당선된 축하금으로 사 준 반지 하나로 구차한 셋방에 살며, 신혼여행을 못 갔어도 불평 없이 제가 기독교인이 되기만을 기도했던 아내입니다.

다섯째는 죄인인 제가 구원을 받은 감사입니다. 저는 가짜 세례증으로 기독교 학교에 취직했는데, 성찬식 때 죄를 깨닫고 세례증을 만든 교회에 찾아가 회개하였을 때, 하나님께서는 저를 사랑하시고 제 죄를 용서하여 깨끗하게 해 주시며, 여기까지 제 인생을 인도하여 주셨습니다.

여섯째는 귀한 자녀들을 주신 것에 대한 감사입니다. 삼남일녀를 주셨는데 그들이 다 미국에서 공부하고 훌륭한 대학을 나오고 직장인으로, 서로 우애하고, 하나님을 예배하며 섬기고 있습니다.

일곱째는 부모 기도의 유산을 물려받은 감사입니다. 아버지는 제가 미국에서 학위 과정을 하고 있을 때 돌아가셨습니다. 그러나 중도에 공부를 마치지 않게 하려고 사망 소식을 알리지도 못하게 하시고, 제 성공만을 기원하고 가신 분입니다.

여덟째는 제게 교만하지 않게 가시를 주신 감사입니다. 동생이 6·25 전쟁 때 월북하여 우리는 이산가족이 되었습니다. 그래서 그 동생이 이북에서 계관시인으로 활동하고 있는데도 연좌제로 어려움을 당하지 않게 해 주셨습니다.

아홉째는 이른 비와 늦은 비로 시절 따라 열매를 맺게 하신 것에 대한 감사입니다. 필요한 때 직장을 주시고, 유학할 기회를 주시고, 기독교 학교에서 섬기게 하시고, 은퇴 후에는 다시 작품 활동을 하도록 많은 분이 길을 열어 주셨습니다.

열 번째는 하나님의 은혜를 알게 하심에 대한 가장 귀한 감사입니다. 제가 세상에 얽매여 살 때는 운이 좋았다는 생각을 하고 살았는데, 하나님의 영을 받은 뒤로는 하나님께서 저에게 은혜로 주신 것들이 무엇인지를 깨닫고 살게 된 것입니다. (2014.12.03.)

42

이름을 아는 것은 그 사람을 아는 것이다

> 예수님이 그곳에 이르러 그를 쳐다보시며 '삭개오야, 어서 내려오너라. 오늘 내가 네 집에 머물러야겠다.' 하고 말씀하시자 (…)
>
> 눅 19:5

　예수님이 삭개오를 언제 봤다고 그의 이름을 알아 불렀는지 신기한 일입니다. 그러나 만일 하나님의 아들인 예수님이 삭개오라는 이름을 모르고 "나무 위에 올라가 있는 너, 어서 내려오너라. 오늘은 내가 네 집에서 묵어야겠다."라고 말했다면 어딘지 예수님 같지 않다는 생각이 듭니다. 또 삭개오도 경외심과 신비함과 초능력이 예수님에게서 보이지 않아 시큰둥한 반응을 했으리라는 생각이 듭니다.

　어느 교인은 목사님이 교회 문 앞에 서서 맞아 주는데, 한 번도 자기 이름을 기억해서 불러 주지 않아 교회를 떠났으며, 목사도 자기 이름도 기억하지 못하는 목사라고 결국 교인들에게 외면당하고 교회에서 쫓겨나게 되었다는 이야기가 있습니다. 목사는 교인들의 이름을 기억해야 합니다. 한편 어떤 초등학교 교장은 자기 학교 학생 600명의 이름을 열심히 기억해서 만날 때마다 불러 주었기 때문에 그 고을에서 가장 존경받는 교장이 되었다고 합니다. 이름을 아는 것은 그 사람을 아는 일입니다. 그런데 저는 14명밖에 되지 않은 성경 반원 이름도 깜빡깜빡해서 얼굴만 보면 그 이름이 사라질 때가 있습니다. 이것이 들킬까 봐 휴대폰을 열어 '성경 공부'라는 그룹 아래 찍어 놓은 이름을 슬쩍 훔쳐보며 질문도 하고, 기도 부탁도 합니다. 치매는 아니고 건망증이라는데, 그래도 걱정이 됩니다.

며칠 전에 저는 기도 명단을 만들었습니다. 기도할 때 이름을 들어 한 사람, 한 사람 기도하는 것이 좋다고 생각되었기 때문입니다. 도대체 저는 몇 사람이나 이름을 기억하고 있는 것일까요? 제 형제는 7남매인데, 저를 빼고 세상을 떠난 형제를 빼면 배우자까지 11명입니다. 조카들이 17명, 제 직계 자녀들이 18명, 이렇게 모두 46명은 빼놓지 않고 이름을 부르며 매일 아침 기도합니다. 그리고 돌아가며 교역자, 장로, 구역원, 은퇴 장로 30명, 성경 공부 반원 14명, 대학 이사회 임원들 14명, 기도 요청을 받은 사람들 그리고 친구들 13명… 하면 이 수만 해도 117명입니다. 이 이름을 다 외우고 있다고 생각하면 200명, 300명은 노력하면 외울 수 있는 숫자입니다.

무엇보다도 기도 명단을 만들면서 생각난 것은 어떤 분은 이 명단에서 제외되어 한 번도 이름을 부르고 기도한 적이 없었다는 것입니다. 그리고 기도해야 한다고 생각해서 명단에는 넣었는데, 그분은 별로 마음에 들지 않아 기도하지 않았다는 것도 알게 되었습니다. 우리가 서로 사랑하지 않고 제가 하나님에게서 난 사람이며, 하나님을 안다고 자부했던 것입니다.

  점차 기억력이 사라지지만 계속 노력해서 많은 사람을 이름을 기억하고, 제가 싫은 사람도 그를 위해 기도하도록 노력하려 합니다. (2014.12.10.)

43

은혜로 주신 은사

> 여러분은 우리 주님이신 구주 예수 그리스도의 은혜와 그분을 아는 지식에서 점점 자라가십시오. 주님께 이제와 영원히 영광이 있기를 바랍니다. 아멘.
>
> 벧후 3:18

저는 아내의 말을 잘 듣는 편인데, 지금까지 안 듣고 있는 것 세 가지가 있습니다. 구역 예배를 인도하는 것과 교회에서 성경 공부를 인도하는 것과 말씀 묵상집인 책을 출판하는 일입니다. 아내가 반대하는 데는 마땅한 이유가 있습니다. 늙었으니 교회를 은퇴할 때 마땅히 구역 예배 인도나 성격 공부 인도는 젊은이들에게 맡기고 그만두라는 것입니다. 또 책은 홍수처럼 나오는데, 나까지 합세해서 출판하지 말라는 것입니다.

사람은 의무적으로 하는 일과 그만두라고 해도 자원해서 즐겁게 하는 일이 있는데, 위 세 가지는 내가 죽기 전까지 하고 싶은 일입니다.

제가 아는 사람 중에는 외무부에서 외교관으로 각 나라에 나가 남이 부러워하는 대사와 영사로 활동을 하고 은퇴했는데, 바로 신학 대원으로 들어가 공부를 마친 사람이 있습니다. 대학을 마치고 전도사로 근무하다가 목사 안수를 마치면 또 얼마 안 되어 목사 은퇴를 해야 하는데 무엇 때문에 고생을 자초해서 해야 하느냐고 주위 사람들은 말했는데, 기어이 그 고생을 마치고 목사 안수를 받았습니다. 그러나 얼마 되지 않아 다시 목사도 은퇴했습니다. 그러던 중 해외에 나가 있는 친구가 얼마 동안 자기 교회를 맡아 달라고 해서 또 해외로 나갔습니다. 그의 아내는 못 말리는 사람이라고 이제는 만류를 포기하고, 해외까지 따라 나갔습니다.

미국에 있는 어떤 유명한 첼리스트는 나이가 95인데, 그때도 매일 6시간씩 첼로 연주 연습을 하고 있었다고 합니다. 주위 사람 중 하나가 지금도 왜 그렇게 연습을 해야 하느냐고 물었더니 '나는 내가 조금씩 나아지고 있다고 생각하기 때문'이라고 말했다 합니다. 그 나이에 좀 기술이 나아졌다고 어디에 쓰겠다는 것입니까?

저는 마흔아홉의 나이에 미국에 유학해서 학위를 마쳤습니다. 그때도 나를 만류하는 사람이 많았습니다. 그런데 제 딸은 지금 나이 쉰넷인데 신학대학원에서 상담학 박사 학위를 하는 중입니다. 무엇에 쓸려고 학위를 받으려 하느냐고 물어도 답이 없습니다. 더 알고 싶고, 배우고 싶기 때문이라는 것입니다. 머리가 녹슬고 돈이 들어 힘든데 왜 그렇게 배우고 싶을까요? 세상적이고 공리적인 입장에서는 이해가 안 되는 일입니다.

좋아서 하고 싶은 것은 하나님께서 각자에게 주신 은사 때문이라고 생각합니다. 하나님께서 각자에게 은사를 주시어서 그 은사를 통해 세상에 자기를 나타내시고 싶으신 것입니다. 그리고 그것은 하나님의 은혜입니다. 좋아서 일하는 사람은 각자에게 은혜로 은사를 주신 하나님을 알아 가는 지식이 자라는 기쁨 때문에 그저 한없이 기쁠 뿐입니다. 그래서 아무도 이를 저지할 수가 없습니다. (2014.12.24.)

44

복 받은 자여

> 나는 너희가 늙어 백발이 될 때까지 너희 하나님이 되어 너희를 보살필 것이다. 내가 너희를 만들었으니 너희를 돌보고 보살필 것이며 너희를 도와주고 구해 주겠다.
>
> 사 46:4

연초에는 모두가 "새해에 복 많이 받으십시오."라고 인사하고 또 "감사합니다."라고 대답을 한다. 그런데 정작 복이 무엇인지 알고 받으라고 하고 또 감사하다고 답하는 것인지 궁금해진다.

나는 얼마 전, 아내가 날씨가 많이 풀렸기 때문에 걸어서 미장원에 갔다 오겠다고 나갔는데, 이내 전화가 왔다. 자기가 길에 미끄러져서 넘어졌다는 것이다. 놀라서 나가는데, 한 여학생이 또 왔다.

"할머니가 현관에서 넘어졌어요."

같이 내려가서 집 안으로 데려왔다. 머리 뒤쪽에 주먹만 한 혹이 생겨 벌겋게 부어 있었다. 나도 놀랐지만, 아내도 많이 놀란 모양이었다. 소파에 눕혀 놓았는데, 계속 나에게 똑같은 질문을 했다.

"왜 내가 여기 있어? 어쩌다 넘어졌어? 어디를 가다 넘어졌어? 내가 넘어진 것을 어떻게 알았어? 내가 미장원에 갔다구? 어떻게 데려왔어?"

자기가 넘어져서 놀라 전화는 했지만, 그 뒤로는 머리를 다쳐 정신 줄을 놓은 모양이었다. 80이 넘으면 늘 건강에 조심해야 한다. 어떤 이는 계단에서 굴러 얼마 동안 의식을 잃었는데, 기억 상실증이 오고 또 치매로 이어져 제대로 활동을 못 하고 있다. 지금은 장수 시대가 되었다지만 대부분 80에서 90 사이에 이 세상을 뜬다. 그래서 이때는 세상을 떠날 준비를 하고 사는 시대라고 한다. 그런데 나는 아내가 다치기까지 전혀 그런 준비를 못 하고 있었다는 것을 알게 되었다.

종합병원 응급실에 가서 뇌 검사를 했다. 의사는 다행히 뇌에는 이상이 없으며, 뼈도 다친 것이 없으니 처방 약을 가지고 귀가해도 된다고 말하며, 혹 구토증이 생기거나 다른 이상이 생기면 바로 연락하라는 것이었다. 그런데 약을 먹어도 두통은 가시지 않고 식사도 하지 못하고 앓아누워 있었다. 다음 날 아침 그녀는 도저히 기도가 되지 않는다고 말했다. 아내는 매일 아침 기도할 때마다 애들 그리고 주변의 아픈 사람, 또 교회에서 어려움을 당하고 있는 사람들을 위해 기도했었다. 나이가 많아서 이웃을 위해 할 수 있는 것은 그것밖에 없다. 그런데 아무 이름도 떠오르지 않는다는 것이었다. 그러더니 우뚝하니 서 있는 나에게 '이 거실을 누가 이렇게 꾸며 놓았느냐'고 물었다. 나는 놀라서 침대에 가서 눕자고 했더니, 자기는 허기지면 두통이 오기 때문에 무언가를 먹어야 한다고 했다. 죽을 좀 먹더니 역겹다고 토했다.

다시 응급실로 갔다. 의사는 그동안 뇌혈관에 출혈이 생겼는지 다시 CT 촬영을 해 보자고 했다. 드디어 아무 이상이 없다는 말을 들을 때 나는 복 받은 사람이라는 강렬한 느낌이 왔다. 하나님께서 아내가 넘어질 때 그분의 팔로 안아 다치지 않게 했다는 것을 깨달은 것이다. 동시에 다시 80대 말까지 우리 부부를 더 살게 하셨다는 것을 확신하게 했다. 우리에게 백발이 될 때까지 버리시지 않겠다는 음성을 주신 것이다. 우리는 복 받은 자들임을 느꼈다. (2015.02.12.)

45

마귀의 자식

> 화가 나더라도 죄를 짓지 말고 해가 지기 전에 곧 화를 푸십시오. / 그렇지 않으면 마귀에게 기회를 주게 됩니다.
>
> 엡 4:26~27

귀신, 마귀, 사탄… 이런 말이 나오면 무당이나 토속 신앙에서 나오는 말 같아서 개화된 현대인에겐 코웃음 치고 싶은 단어다. 나도 어려선 머리 풀고 떠돌아다니는 처녀 귀신 이야기라든지, 밤 내 대빗자루 귀신과 씨름하고 헤매다가 새벽에야 돌아왔다는 시골 머슴 이야기를 들으면 믿지 않았다. 내 선친은 시골에서 작은 초등학교의 교장으로 계시면서 일인이 새로 지어 준 학교의 숙직실에서 온 가족을 거느리고 살았는데, 거기에는 화장실도 없어서 꽤 떨어진 학교 화장실을 다녀야 했다. 마을에서도 외진 곳이고 또 옛 공동묘지를 정지에서 만든 학교라고 밤에 귀신이 나오지 않느냐고 말하는 사람이 많았다. 그런데 우리는 그런 걱정을 안 했으며, 밤에도 먼 화장실에 잘 다녔었다. 그런데 기독교인이 되면서 이 귀신의 실체를 심각하게 생각하지 않을 수 없게 되었다. 사탄은 하나님과 대등하게 되려고 싸우다가 쫓겨난 하늘의 천사 루시퍼가 지상으로 내려와 귀신의 왕 사탄이 되었으며, 자기가 함께 데리고 내려온 수하 천사들을 마귀나 귀신으로 삼아 지상의 인간들을 다스린다는 것이다. 이들은 죄인들을 백성으로 삼고 강력한 나라를 형성하고 있는데, 인간들은 예수를 믿고 구원받기 전에는 다 죄인이기 때문에 세상 사람은 다 그의 백성인 셈이다. 그래서 예수를 믿고 구원받은 사람들이 생기면 교묘히 꾀어서 자기 백성으로 삼으려고 한다는 것이다. 따라서 기독교인은 순간마다 온몸을 무장하고 싸우는 군인처럼 마귀를 대적해야 한다고 한다. 그러나 나는 간사하고 악한 일만 꾸미는 그들의 꼬임에 어떻게 넘어갈 수 있는가 하고 늘 자만하였다.

그런데 어느 날, 내가 그들의 꼬임에 넘어갔다. 금융 감독원에 있다는 어떤 사람이 전화로 내 이름으로 된 070 전화가 서초구에 사는 한 사람에 의해 도용이 되고, 사용료를 내지 않은 연체료가 46만 원에 달한다는 말을 서초 경찰서 직원에게 듣지 않았느냐는 것이었다. 나는 그런 일을 상상도 하지 못하고 있었는데 20여 분 전에 그런 통고를 받고 놀라는 중이었다. 그런데 금융 감독원에 있다는 이자는 요즘 그런 사기가 빈번히 일어나고 있다면서, 그것은 내 개인 정보가 유출되어 그런 것이니 제2의 사고가 나지 않도록 예방해야 한다는 것이었다. 그러면서 그는 나더러 인터넷 뱅킹을 하느냐고 물으면서 그렇다면 은행에 로그인해서 지금 쓰고 있는 공인인증서를 폐기해야 한다는 것이었다. 나는 그날 아는 분의 은퇴식에 참석할 예정으로 점심을 빨리 먹었는데, 내 은행 예금을 안전하게 지켜 주겠다는 것 때문에 오후 1시부터 2시 반까지 그의 지시를 충실히 따르고 있었다. 후에 알았지만, 그는 그동안 내 인증서를 자기 스마트폰으로 옮겨서 내 은행 예금을 모두 딴 은행으로 옮겨 버린 것이었다. 내 두 은행의 잔액은 다 바닥이었다.

내가 왜 그 마귀의 말을 순순히 순종하고 따라 했는지 알 수가 없었다. 이것은 빗자루 귀신에게 밤 내 끌려다니다 아침에 놓여난 머슴아이와 다름이 없는 일이었다. (2015.03.03.)

46

내가 책임지겠습니다

> 이스라엘아, 너를 창조하신 여호와께서 말씀하신다. '너는 두려워하지 말아라. 내가 너를 구원하였고 내가 너를 지명하여 불렀으니 너는 내 것이다.'
>
> 사 43:1

요즘 드라마를 보면 가난한 남자가 돈 있는 집 처녀를 원할 때 용감히 그 처녀 집 부모를 찾아가 무릎을 꿇고 "따님을 제게 주십시오. 제가 책임을 지겠습니다."라고 말하는 장면을 볼 수 있다. 장인 될 분은 그놈 배짱 한번 좋다고 호감을 보이는가 하면 장모 될 분은 돈이 있느냐 직장이 있느냐고 반대를 한다. 그런데 청년이 말한 것을 생각해 보자. 무엇을 책임지겠다는 것인가? 먹여 살리는 것? 행복? 생명? 참으로 그가 할 수 있는 것은 아무것도 없다.

나는 아내와 결혼하려 할 때 이런 말을 한 적이 있었던가 생각해 본다. 제대를 앞두고 휴가를 받자, 연애하고 있던 아내와 만나고 싶다고 편지를 했다. 장인 되는 분은 목포에서 한 무진회사를 책임지고 있었는데, 그녀는 그곳에 기거하고 있었다. 원래 장인은 일제하에서는 장흥, 진도 지방에서 군수로 지내고 있다가 일제 말에 과감히 그 일을 그만두었는데, 해방이 되자 금융업을 좀 맡아 달라는 청을 받았던 것 같다. 비가 오는 날이었는데 그곳에 찾아가 출입이 허락되지 않아 밖에는 못 나오고 있는 그녀의 방에 들어갔다가 장인 될 분을 만나 혼난 기억만 있다. 과년한 처녀 집에 군인이 찾아다닌다는 소문이 나면 어떻게 되겠냐고, 다시는 찾아오지 말라는 호통이었다. 나는 당시 대학을 다니다가 군에 입대했고, 집도 7남매의 장남이어서 결혼할 처지도 아니었다. 그러나 그때 나도 무릎을 꿇고 앉아 "따님을 주십시오. 제가 책임지겠습니다."라는 말을 하고 싶었던 것 같다.

어떻게 해서 허락을 받았는지 지금은 60년이 가까운 일이라 까마득해서 기억이 없다.

얼마 전 나는 아내가 언어 장애가 오고 손에 힘이 없어 젓가락질을 제대로 못 하겠다고 해서 혹 뇌졸중인가 해서 교회를 다녀온 주일 오후에 대학 병원 응급실에 들렀다. 그랬더니 뇌출혈이 있어 격막하출혈(膈膜下出血) 수술을 급히 해야 한다는 것이었다. 두 달 전 빙판에서 넘어져 뇌를 다쳤는데, 그때는 CT를 두 번이나 촬영했는데 아무 이상이 없었고 지금까지 정상 활동을 해 왔는데, 뇌막과 뇌 사이에 모세혈관에서 조금씩 출혈이 되어 피가 쌓여 뇌를 압박하고 있어서 언어 장애가 온 것이라는 말이었다.

의사는 나를 앉혀 놓고 "전신 마취를 해야 하는데 나이(83)가 많으므로 소생이 안 되면 산소호흡기를 끼울 수도 있다", 또 "다른 곳에 피가 누적되어 재수술할 수도 있다" 이렇게 설명을 한 뒤 이에 동의한다는 사인을 하라고 아이패드(iPad)를 내밀었다. 결국, 병원은 최선을 다할 뿐 책임은 지지 않겠다는 것이었다. 나는 수술실에 그녀를 보내 놓고 얼마나 초조했는지 모른다. '책임은 내가 지라는 말이 아닌가?' 대기실에서 '수술 준비 중', '수술 중', '회복 중' 이런 전광판이 나타나는 동안 나는 온전히 우리 두 사람을 하나님께 맡기고 있었다. 진정 삶과 생명과 행복을 책임질 수 있는 분은 그분뿐이었다. 내가 책임을 진다는 것은 그분이 나를 부르셨다는 사실을 믿는 것이라는 것을 깨달았다. (2015.03.25.)

47

하나님이 주신 꿈

> 그 후에 내가 성령을 모든 사람에게 부어 주겠다. 너희 자녀들은 예언할 것이며 너희 노인들은 꿈을 꾸고 너희 청년들은 환상을 볼 것이다.
>
> 욜 2:28

누구에게나 꿈이 있다. 6·25 참사를 겪는 어려운 환경에서 초등학교 교사를 하고 있던 내 꿈은 대학 교수가 되는 것이었다. 그런데 나는 나이 30대(36)에 대학교 교수가 되어 있었다. 말하자면 꿈이 이루어진 것이다. 대학에 있으면서 나는 교수들이 박사 가운을 입고 졸업식 강단에 입장하는 것을 보고, 나도 미국에 가서 학위를 받고 싶다는 또 다른 꿈을 갖기 시작했다. 그런데 1982년 내가 40대(49) 때 나는 미국 텍사스주에서 박사 학위를 받게 되었다. 두 번째 꿈이 이루어졌다. 이어 큰아들이 보스턴대학교에서 학위를 받았고, 둘째가 하버드 의대에서 학위를 받았다. 큰딸과 결혼한 사위가 UT 댈러스에서 학위를 받고 둘째 자부가 UNT에서 학위를 받았다. 하나님께서는 나 한 사람에게만 학위를 주시는 것이 아니라 무더기로 풍성하게 열매를 주신 것이다. 그렇게 보면 이 꿈은 내 꿈이 아니고 하나님께서 나에게 주신 꿈이요 하나님께서 그 꿈을 이루어 주신 것같이 느낀다. 요셉이 꿈에 해와 달과 열한 별이 그에게 절하는 꿈을 꾸었는데, 이는 그가 원해서 꾼 꿈도 아니요 프로이트가 말한 것처럼 무의식 속에서 충족되지 못한 욕구를 충족시키기 위해 나타난 꿈도 아니다. 하나님께서 꿈을 주시고 요셉이 애굽의 총리가 되기까지 그분께서 그 꿈을 이루게 하셨다고 생각한다. 하나님께서 주신 꿈은 그 꿈을 이루게 하시며 더 풍성하게 이루어 주신다.

얼마 전에는 바깥사돈을 먼저 보내시고 혼자 외로이 사시는 안사돈께서 카톡을 보내왔다.

'오 서방이 좋은 대학교에서 대학원 학과장으로 초청을 받아 오게 되어 우리 가족은 모두 감사와 기쁨 속에서 축제의 분위기가 되었답니다.'

이렇게 시작한 글인데 그분은 꿈이 많던 분이다. 자신의 꿈이 아니라 자녀를 통한 꿈이었다. 초등학생인 딸을 피아니스트로 만들겠다는 꿈으로 목포에서 비행기로 서울까지 레슨을 시키러 보냈던 분이다. 국내에서도 뛰어난 S 음대를 졸업시켰는데도 만족하지 못해 미국을 보냈다. 음악학 박사 학위를 받았는데도 어머니의 딸을 위한 꿈의 문은 열리지 않았다. 결국, 허전하게 내 며느리인 가정주부로 들여앉힌 것으로 끝이 났다. 그래서 맞아들인 사위가 '우리 오 서방'이다. 이제는 꿈이 '오 서방'으로 옮겼다. 성경에는 늙은이가 꿈을 꾼다는 말이 있는데, 늙은이의 꿈은 자신의 꿈이 아니라 자녀를 통해서 이루어지는 꿈일 수 있다는 생각을 하게 된다.

  다시 내 꿈을 생각하게 되었다. 하나님께서 나에게 천진난만한 꿈을 주셨다. 나는 그것이 내 꿈이라고 생각했다. 그러나 이 꿈은 내 자녀들의 꿈으로, 또 온 형제 간의 꿈으로 그리고 기독교 공동체의 꿈으로 확장되어 가는 것을 보게 되었다. (2015.04.01.)

48

장막 집

> 우리는 땅에 있는 우리 육체의 집이 무너지면 사람의 손으로 지은 것이 아닌 하나님이 지으신 하늘의 영원한 집을 소유하게 될 것을 압니다.
>
> 고후 5:1

나는 오랫동안 땅이나 집을 부동산으로 가져 본 적이 없다. 그것을 부러워해 본 적도 없다. 그런데 내가 대학 전임 강사로 취직이 되어 대전의 대사동에서 셋방살이하고 있을 때였다. 친구가 자기가 미국 선교사로부터 학교 터를 불하받아 대지로 전환해 정지해 놓았는데, 그곳에 집을 짓지 않겠느냐는 것이었다. 땅값은 되는대로 갚으면 되고, 위치는 내가 처음이니 어느 곳이든 마음대로 고르라는 것이었다. 이 말을 들은 또 다른 내 친구는 그럼 집을 지으라는 것이었다. 자기 친구가 주택은행 대리로 대전에 와 있으니 융자를 알선해 주겠다는 것이었다. 나는 떠밀리는 느낌으로 얼결에 집을 짓게 되었다. 그때 나는 우리 대학의 건축을 주로 맡아 일하던 건축 기사를 알고 있었다. 그가 아주 튼튼한 집 설계를 해 주었는데, 나는 경험이 없어 설계 대금도 낸 것 같지 않다.

어떻든 집을 짓고 나니 흐뭇하였다. 처음으로 내 집이 생긴 것이다. 나는 경사진 서향 땅의 맨 윗자리에 집을 지었는데, 그곳은 교회 바로 앞이었으며, 그 이웃에는 돈이 많은 분이 소나무 숲이 우거진 곳에 별장처럼 집을 지어 놓고 한가롭게 살고 있었다. 내 집을 짓고 처음으로 하고 싶었던 일은 내 집 현관에 내 이름이 들어간 문패를 다는 것이었다. 그래서 대리석으로 내 이름과 아내 이름을 나란히 새겨서 달아 놓았다. 부친도 교장으로 관사를 전전해 살아서 우리 가정에서 내 집을 가지고 그 집에 문패를 달아 보기는 내가 처음이었다. 그 뒤로 우리 집을 찾는 사람은 "아, 그 두 사람 이름을 문패로 달아 놓은 집?" 하고 안내하기도 했다. 그것이 1970년 9월, 내가 처음으로 가진 부동산이다. 6년 뒤 내가 미국으로 공부를 하러 떠난 뒤는 은퇴한 부모님이 와 계셨는데, 아내는 막내를 데리고 미국으로 오고, 부모님이 남은 애들을 돌보며 계셨다. 내가 1983년에 돌아와 보니 집이 낡고 불편하여 새로 리모델링을 하고 좁은 대로 미국처럼 주방도 개조했다. 그러나 그때는 아파트 붐이 일고 있어서 연탄 때고 있는 이 집은 너무 불편하다고, 시내로 나가 보자고 아내는 말했다. 그러나 섣불리 나서지 못한 것은 당시에는 아파트 청약 예금을 한 사람에게만 당첨된 가격으로 입주를 허락하였기 때문이었다. 그래도 미분양된 집이 있을지 모르니 아파트 섭렵을 해 보자는 것이었다. 시내 한복판 시끄러운 마을을 갔었는데, 사람들이 소음을 걱정하여 들어오지 않았다고 이층집이 미분양이라는 것이었다. 그래서 1987년 11월에 옮긴 곳이 시내 삼성아파트였다. 그곳에서 21년을 지냈다. 파이프에 구멍이 생겨 물이 새기도 하고, 여기저기 고칠 곳이 많은 아파트에서 왜 계속 사느냐고, 좀 좋은 곳으로 옮기면 집값도 올라 좋다는데도 나는 옮기지 않았다. 미국에서 셋집 삶에 익숙했던 나는 아파트는 장막 집에 지나지 않았다. 집을 옮겨 가며 재테크 하고 싶은 생각은 없었다. 그러는 동안 아내는 친구 따라 아파트 모델하우스를 보고 다니더니, 안 옮겨도 되니 한번 견본 주택 구경이라도 가지고 채근하는 것이었다.

그때 따라나섰다가 아파트 하나를 계약하고 돌아왔다. 아내는 그럴 줄 몰랐다고 깜짝 놀랐다. 그렇게 해서 2007년 12월에 옮긴 곳이 대전시에서 떨어진 외곽에 있는 계룡시의 e-편한 세상 아파트다. "이 편한 아파트가 왜 이리 불편해." 하고 불평하는 사람도 있지만, 나는 이곳을 좋아한다. 인구는 4만 명밖에 되지 않은 곳에 동이 하나 면이 셋 있는데, 어느 면사무소에 가도 그렇게 한가할 수가 없다. 또 시내에 편의 시설은 다 갖추고 있다. 시 보건소에 가면 한 번도 줄 서는 일이 없이 예방 접종을 할 수가 있다. 내 아파트 앞에는 '사계 솔바람 길'이라는 3km의 산책길이 있다. 율곡 선생의 제자 사계 김장생의 고택에서 시작하여 완만한 왕대산 언덕길을, 사계가 제자들과 함께 걸으며 사색 담소했다는 산책로다. 그러나 이 마지막 아파트에 큰 애정을 가지면 안 될 것 같아 한때는 주택 연금을 신청해 받으면 이 집은 언제든 떠날 수 있는 장막처럼 생각되지 않을까 했는데, 아내의 반대로 그만두었다. 어떻든 우리는 유월절의 이스라엘 백성처럼 허리에 띠를 띠고 발에 신을 신고 음식을 먹는 기분으로, 하나님의 부르심을 기다리며 이곳에서 살 것이다. (2015.07.01.)

49

복 많이 받으세요

> 예수님은 제자들을 보시며 이렇게 말씀하셨다. '가난한 너희는 행복하다. 하나님의 나라가 너희 것이다.'
>
> 눅 6:20

우리나라에서 새해에 처음 만난 분들이 주고받는 인사는 "복 많이 받으세요."다. 미국에서는 흔히 "Happy new year."라는 의례적인 인사를 한다. "행복한 새해, 즐거운 첫날"이 되기를 빈다는 말이다. 실용주의 나라답게 "하이." 하고 손을 흔들고 끝내는 인사인데, 한국의 "복 많이…"는 일상화된 용어지만 명상적인 동양인답게 그래도 많은 생각을 하게 한다. 도대체 그 복의 내용이 무엇인데 복을 많이 받으라고 하는 것일까? 나는 처음에는 막연히 '福'이라는 글자가 새겨진 복주머니를 떠올리며 인사를 했던 것 같다. 그렇다면 재물 복을 흠뻑 받으라는 뜻이었을까? 복에는 재물 복뿐 아니라 '장수의 복', '귀인의 복', 심지어는 '처 복', '자식 복' 등 수없이 많은 복이 있다. 그럼 나는 인사하면서 어떤 복을 많이 받으라고 한 것이었을까? 아니면 세상에 있는 모든 복을 통틀어 다 받으라고 한 것이었을까?

복이란 내가 받으라고 한다고 받는 것이 아니다? 자고로 복은 인간이 줄 수 있는 것이 아니며, 신이 줄 수 있는 것으로 생각해 왔다. 그래서 복을 빈다고 한다. 정화수를 떠 놓고 빌 수도 있고, 큰 나무나 바위에 깃든 신에게 빌 수도 있고, 무당을 통해 신을 불러내어 빌 수도 있고, 부처님이나 천주님이나 예수님께 빌 수도 있다. 결국, 나는 어떤 방법으로든 복을 빌어 세상에 있는 모든 복을 통틀어 받으라는 인사였을 거다.

기독교에서는 '가난한 사람'은 복 받은 사람이라고 말한다. 나는 새해에 인사하면서 가난한 사람이 되라고 하지는 않는다. 주변에 가난한 사람이 많아 나는 오히려 빚에 쪼들리지 말고 부자가 되라고 인사하고 있었다. 그러나 성경에는 "부자가 하나님의 나라에 들어가는 것보다 낙타가 바늘귀로 통과하는 것이 더 쉽다. (눅 18:25)"라고, 부자는 하늘나라에 가기 어렵다고 경고하고 있다. 그렇다면 예수를 믿는 내가 "새해에 복 많이 받아라."라고 하는 복은 무엇을 기원해서 하는 인사일까?

예수님은 가난한 사람이 복 받는다는 이야기를 주로 자기의 모든 것을 버리고 예수님만을 따른 제자들 앞에서 하셨다. 그들이 복이 있다는 것이다. 왜냐하면 그들은 하나님의 다스리는 나라의 백성이 되기 위해 가난을 택했기 때문이다(하나님의 나라가 너희 것이다).

복에는 이 세상에서 누릴 물질적인 복과 하늘나라에서 누릴 영적인 복이 있다. 그러나 오직 영원한 복은 하늘나라에서 주님의 백성으로 사는 일이다. 하나님과 깨어진 관계가 온전히 회복되어 주님의 백성으로 평화롭게 사는 일이다. 우리가 누릴 온전한 복은 그것뿐이다. 복은 하나님께서 주실 수 있고, 하나님께서 주시는 복은 부분적인 것이 아니고 온전한 것이다. 무병장수, 부귀영화… 이 중 어떤 것 하나가 아니고, 온전히 모든 복을 주시는 것이다. 그래서 신년에 우리 기독교인이 서로 주고받는 인사는 예수님의 제자가 되어 그분의 다스림을 받고 사는 백성이 되는 조건 없는 복이다. 내가 인사하면서 비는 복은 그런 복이다. 그러나 누가 그렇게 복잡하게 생각하며 인사를 주고받겠는가? 무슨 복이 되었든 새해에 많이 받기만 하면 된다. 그러나 내가 진정 비는 복은 죄인인 우리의 속죄 제물로 바쳐지고, 부활하고 승천하여 하늘나라에 가셨다가 초림하여 우리에게 성령을 주고 가신 예수님의 제자가 되어 우리가 성부, 성자, 성령 삼위의 하나님과 천국 보좌를 누리는 그런 복이다. (2015.08.26.)

50

가정 예배

> 아버지께 참되게 예배하는 자들은 영과 진리로 예배할 때가 오나니 곧 이 때라 아버지께서는 자기에게 이렇게 예배하는 자들을 찾으시느니라
> 요 4:23

나는 1960년 봄에 기전여자중·고등학교에 교사로 취직해서 처음으로 『다락방』이라는 말씀 묵상집이 있다는 것을 알게 되었다. 매일 첫 시간이 시작되기 전 직원 회의 때, 이 책을 읽고 돌아가면서 기도를 하는 것이었다. 나는 솔직히 거기서 여러 사람 앞에서 기도하는 담력을 얻었다. 이 책자는 각 군부대, 병원, 교도소, 연구소, 교육 기관 등에 보내지는 선교지로 40여 개 국어로 번역된 세계적인 묵상집이다. 따라서 각 나라 사람들의 여러 형태의 사소한 간증 같은 것도 보게 되어 '이렇게 성경 묵상을 하고 있구나' 하고 깨닫게 되기도 했다. 당시 남 장로교 선교사들이 소속된 모든 기관에는 이 책자로 직원들이 말씀 묵상을 하는 것 같았다. 후에 대전대학교(현 한남대학교)에 옮겼는데, 거기서도 아침 첫 시간이 시작되기 전 교수들이 모여 이 다락방으로 아침 기도회를 시작하는 것이

었다. 그렇게 해서 나는 그때부터 지금까지 50여 년 동안을 꾸준히 이 책자로 은혜를 받고 있다.

나는 이 책자로 가정 예배도 드리기 시작했는데, 먼저 책에 나와 있는 성경 본문을 읽고, 기고자의 간증문을 읽은 다음 기도하고 주기도문으로 마치는 그런 순서였다. 초 신자였을 때 주인 장로님 댁에서 가정 예배를 드리는 소리를 듣고 나는 그런 열심과 엄두를 내지 못했다. 그러나 하룻밤은 여름이었는데, 모기장을 치고 갓난 애와 함께 자고 있었다. 그런데 아내는 촛불을 켜고 뜨개질을 하다가 고단하여 잠들어 버렸는데, 내가 눈을 떠 보니 화염이 모기장으로 옮겨 가고 있었다. 숭늉을 떠 놓은 것이 머리맡에 있어 물을 붓고 모기장을 걷어 내어 겨우 진화하였는데 하마터면 주인집에 불을 낼 뻔하였다. 너무 놀라서 정신을 가다듬자 함께 기도하였는데, 그때부터 우리의 가정 예배는 시작되었다. 애들이 장성하자 부정기적이던 가정 예배가 이제는 이『다락방』이 우리 내외의 정기적인 가정 예배의 지침서가 되었다.

나는 1994년부터 2012년까지는 7차례 이『다락방』의 필자가 된 일도 있다. 내가 옳게 말씀 묵상을 하고 있는지 검증을 받고 싶어서 보낸 원고였다. 그 뒤로『다락방』은 내 사랑하는 애인처럼 더 친근해졌다. 그러나 내가『다락방』을 사랑하게 된 진짜 이유는 여기에 있지 않다. 우리 부부는 둘이서 이 책자를 통해 아침 예배를 드리면서 유익한 점을 한두 번 찾아낸 것이 아니다. 우리는 매일 홀숫날은 내가, 그리고 짝숫날은 아내가『다락방』을 통해 기도하는데, 아내의 기도를 들으면서 내가 아내를 더 많이 알게 된 것이다. 부부는 비밀이 없다지만 서로 말하지 못한 부분이 있게 마련이다. 그러나 하나님께 기도하는 그 음성을 들으며, 나는 내가 평소 깨닫지 못한 아내의 놀라운 신앙의 깊이와 자녀들이나 이웃을 향해 가지고 있는 사랑의 감정을 들여다볼 수가 있어 아내와 더 가까워짐을 느끼게 되었다. 또 살다 보면 무의식적으로 아내에게 상처를 주어서 사이가 서먹해져 사과하고, 용서받고 싶을 때가 있다. 그러나 막상 마주 대하면 사과의 말이 나오지 않는다. 이럴 때 가정 예배 시간에 하나님께 내 잘못을 회개하고 내 마음을 열어 고백하면 하나님으로부터 용서받는 기쁨이 있다. 그땐 내 마음이 홀가분해지는데, 아내도 말없이 나를 받아 주는 것 같아 두 사람이 더 행복해지기 때문이다. 요즘은 그보다 더한 기쁨이 있다. 나는 나이가 들자 기도하다가 애들의 이름, 병자의 이름을 잊어버리고 머뭇거릴 때가 있다. 그러면 말없이 기도하던 아내가 서슴없이 소리를 내어 그 이름을 가르쳐 주는 것이다. 그럴 때 나는 같은 마음을 가지고 합심해서 기도하고 있었다는 생각이 들어 기도를 가르쳐주는 것이 부끄럽지 않고 오히려 기쁘다. 또 두 사람이 주님의 이름으로 기도하고 있을 때 주께서 우리와 함께 계시는 것을 느끼는 것이다. 나는 그럴 때 이 땅에서 주님이 우리와 같이 계시는 하늘나라를 체험하는 기쁨이 솟는 것을 느낀다. (2015.08.27.)

51

목사를 칭찬하지 말라

> 교만하면 패망하고 거만하면 넘어진다.
>
> 잠 16:18

"칭찬은 고래도 춤추게 한다."라는 말이 있다. 이것은 칭찬에 인색한 사람들을 향해서 하는 말이다. 고래가 춤을 추면 좋은 일일까? 춤을 추어서 칭찬하는 것인지 칭찬해서 춤을 추는 것인지 모르지만, 바다를 자유롭게 헤엄치고 다녀야 하는 고래가 춤을 춘다는 것은 고래를 인위적으로 조작하는 인간의 못된 취미다. 그런데 목사를 칭찬하면 목사도 고래처럼 우쭐해져서 춤을 춘다. 그래서 마귀가 지극히 높은 산에 가서 천하만국의 영광을 보여 줄 때처럼 취하여 춤을 춘다. 어떤 교회의 강대상 위 책 받침대 위에는 '청중에게 그리스도를 보게 하라.'라는 글귀가 쓰여 있다고 한다. 강대상 위에 서면 칭찬을 받기 쉽고, 그렇게 되면 목사의 사명을 망각하게 되기 때문에 강대상에서 그리스도가 보이게 하라는 뜻이었을 거다. 그래서 목사를 칭찬하여 춤추게 하면 안 된다. 예수님이 오천 명을 먹이는 표적을 행했을 때, 그는 군중들이 와서 자기를 억지로 붙들어 임금으로 삼으려는 줄 알고 그들을 해산시키고, 제자들도 바다를 건너 멀리 보낸 뒤 자기는 기도하러 올라가셨다. 십자가에 죽어서 백성을 구원해야 한다는 사명을 다짐하기 위해서였다. 목사를 칭찬하면 안 되는 이유는 다음과 같다.

첫째로, 목사를 칭찬하여 그를 맹목적으로 추종하는 사람이 많아지면 그 목사는 자기 본래의 사명을 망각하게 된다. 강대상에서 성경의 말씀을 바르게 풀어 가르쳐 주는 것만이 목사의 사명이 아니다. 말씀은 인터넷이나 TV를 통해서도 많이 듣는다. 교인들은 그 말씀을 실천하며 사는 목사를 보고 싶어 한다. 직장에서 힘들여 일하며 새벽 기도, 주일 예배, 수요 예배, 금요 예배, 구역 예배, 노방 전도, 주일 학교 봉사 등에 일일이 참석하지 못해 죄의식에 헤매고 있는 신도들의 죄의식을 벗겨 주는 목사를 원한다. 인도의 마하트마 간디는 어떤 어머니가 자기 아들이 단 과자를 너무 많이 먹어서 이 버릇을 고쳐 달라고 말했다. 간디 선생님의 말씀이면 듣겠다고 했기 때문이다. 간디는 보름 뒤에 다시 오라고 했다. 그리고 그때 아들에게 단 과자를 먹는 것을 끊으라고 했다고 한다. 왜 보름 전에는 안 되었는가? 그는 자기가 단 과자를 먹고 있었기 때문에 그것을 끊고 가르치기 위해서였다고 한다. 신도들도 그렇게 본이 되는 목자를 원한다.

둘째로, 칭찬받는 목사는 한국 교회를 망치는 주범이요 자신도 화를 받을 것이기 때문이다. 간디는 "나는 당신들의 예수를 좋아하지만, 당신들의 기독교인은 당신들의 예수와는 너무 다르므로 싫어한다."라고 말했다고 한다. 지금은 목사와 모든 기독교인이 칭찬을 받을 때가 아니다. 이웃을 섬길 때다.

지금 교회 밖에는 무임 목사가 수천 명이 있다. 그들은 어느 교회든 나가서 교회 반사도 되고, 성경 공부 교사도 되고, 주님의 청지기가 되는 것을 배운 학생답게 살아야 하는데, 칭찬받는 목사만 되려고 기다리고 있다. (2015.10.27.)

52

바자회에 내놓지 못하는 옷

> 욕심이 생기면 죄를 낳고 죄가 자라면 죽음을 낳습니다.
> 약 1:15

    나는 웬만한 옷은 다 바자회에 내놓고, 낡았거나 내 옷이라고 내놓기 어려운 옷은 아파트의 의류 수거함에 다 버린다. 그런데 내가 죽을 때까지 버리지 못하는 옷이 하나 있다. 그것은 내 박사 가운이다. 이것은 누가 갖다 쓸 수도 없는데, 또 내가 입을 기회도 없는 옷이다. 지난번 대학의 총장 취임식에 내기 순서를 맡았기 때문에 혹 단상에 올라가는 사람은 가운을 입어야 하는지 몰라 아내더러 찾아보라 했더니, 옷은 늘 옷장에 걸려 있는데 모자가 어디에 있는지 모르겠다고 여기저기를 뒤져 겨우 찾았다. 그런데 취임식에는 취임하는 총장과 이사장만 가운을 입기로 했다고 해서 용도 폐기가 되었다.

    나는 공부를 해서 박사가 되는 것보다 박사 가운이 탐났었다. 대학 졸업식 때는 국기를 든 기수와 총장을 비롯한 대학 이사들 그리고 교수들이 모두 가운을 입고 의전 담당자의 지시를 따라 입장하고, 그 뒤로 졸업생들이 줄지어 따르는데, 참석한 학부모들이 부러운 듯이 쳐다보는 모습이 대학이 상아탑이라는 것을 다시 한 번 느끼게 하는 흐뭇함이 있었다. 그래서 나도 교수들 사이에 서서 박사 가운을 입고 입장하고 싶었다. 내가 대학에 전임으로 있을 때는 구제박사(舊制博士)라는 게 있었다. 1965년까지도 우리나라에는 국내외에서 받은 박사 학위 소지자가 1,000여 명 안팎이었다. 그래서 오래도록 대학만 나와서 교수로 있는 분도 있었고, 대부분이 석사 학위를 가진 분이었다. 그래선지 국가에서는 교직에서 10년 이상 근무한 사람은 논문만 내고 박사 학위를 받는 제도를 만들었는데, 이것을 구제박사 제도라 한다. 이것은 1975년 2월까지 시행되었다. 그때까지 서둘러 6,000여 명의 박사가 무더기로 배출되었다. 이제는 박사가 아닌 교수는 대학에서 퇴출당할 위기에 처했다. 나는 1976년에 미국에 공부하러 떠났는데, 어쩌면 박사 가운을 못 입고 입장식에 따라다니는 것이 부끄러워 그렇게 떠날 결심을 했는지도 모른다.

지금 가지고 있는 가운은 1982년 학위를 받을 때 박사 예복을 미리 주문할 사람은 신청하라고 해서 북 텍사스 주립 대학에서 졸업 한 달 전에 맞춰 입었던 것인데, 졸업식 때를 빼고는 별로 입은 것 같지 않다. 귀국하고 보니 박사가 흔했고 또 서로 박사라고 불리는 것을 꺼리고, 자랑스럽게 입던 가운도 유치하다는 듯 안 입거나 졸업식에 불참하는 교수가 많아졌다. 박사가 되고 보니 박사 가운이 필요 없었다.

나는 박사 논문만을 남기고 시골 대학에 취직해 있었는데, 그곳에서 덩치가 큰 학생들이 "닥터, 닥터." 하고 깍듯이 나를 존경해서 나는 아직 박사가 아니라고 변명하고 싶은 것을 참고 지냈다. 일 년이 지나 학생 앨범이 나오자 내가 박사가 아닌 것이 밝혀졌다. 다음 해 나는 학위를 받고 계속 가르치고 있었는데, 그때는 또 학생들이 다정한 티를 내며 내 곁으로 다가와 무거운 팔을 어깨에 턱 올리며 "헤이, 미스터 오." 해서 "나는 미스터가 아니라 닥터야!"라고 소리치고 싶었는데 또 참았다. 나는 박사 가운에 눈이 멀었는데 욕심이 잉태하여 죄를 짓지 않은 것이 감사하다. 하나님께서는 그 욕심으로 나에게 공부를 하게 하셨다.

계속 입어 보지 못하고 죽을 때까지 가지고 가야 할 가운이 그래도 나는 감사하다. (2016.03.16.)